Educación a Padres

Educación a Padres

Una alternativa para erradicar
el maltrato infantil

Dra. María Esther
Barradas Alarcón

Número de Control de la Biblioteca del Congreso de EE. UU.:   2015921418
ISBN: Tapa Dura   978-1-5065-1147-4

                         Tapa Blanda   978-1-5065-1149-8

                         Libro Electrónico   978-1-5065-1148-1

Información de la imprenta disponible en la última página.

Fecha de revisión: 29/02/2016

Para realizar pedidos de este libro, contacte con:
Palibrio
1663 Liberty Drive
Suite 200
Bloomington, IN 47403
Gratis desde EE. UU. al 877.407.5847
Gratis desde México al 01.800.288.2243
Gratis desde España al 900.866.949
Desde otro país al +1.812.671.9757
Fax: 01.812.355.1576
ventas@palibrio.com
730408

ÍNDICE

Con todo mi amor al único y verdadero Bendito Padre Celestial

A mi amado esposo Martín, a mis amados hijos Josué y Anita y a mis amados y admirables Padres Ángel Barradas y Virginia Alarcón de Barradas

Con esperanza y fe… a los padres que desconociendo su propia naturaleza y potencialidad viven en completa insatisfacción e infelicidad haciendo participes a sus hijos de esto.

Con respeto y deseo, a los padres que intuyen su naturaleza y su potencial pero que carecen de voluntad, para superar, las barreras que les impide salir de su atolladero y sin embargo, con la primera oportunidad logran dar lo mejor de sí mismos.

Con alegría y felicidad a los padres comprometidos consigo mismos y conscientes de su responsabilidad, que como padres tienen, en la búsqueda constante de ser y formar mejores hijos.

INTRODUCCIÓN

Todas las corrientes psicológicas, en particular el psicoanálisis, las ciencias etnológicas y antropológicas han demostrado la importancia de la familia para el desarrollo psicológico del niño y para la formación de su personalidad.

Constituye el núcleo básico de la sociedad y el primer agente socializador del individuo. Tan importante es la familia en la vida de ser humano que se puede tener influencia de otras experiencias fuera del ámbito del hogar, y que pueden llegar a modificar la conducta del individuo, pero jamás anular completamente las bases familiares.

Lamentablemente a través de la historia de diferentes países, culturas, sociedad y sistemas en general, se ha encontrado, que el niño ha sido la víctima más atacada, ha padecido crueles castigos y ha sido el blanco perfecto de una serie de perjuicios, costumbres y concepciones erróneas que sobre la educación se han establecido, en el ejercicio de un presunto derecho: el derecho de corrección.

Todas estas ideas y sus resultados prácticos son transmitidos de generación en generación por medio de la familia, adoptando modalidades de acuerdo a las necesidades sociales e individuales en momentos históricos determinantes.

Hoy en día la orientación a padres es una auténtica necesidad. Cualquiera puede preguntar: ¿Si el arquitecto para construir un edificio requiere de años de estudio y amplio conocimiento, pues los padres para edificar hombres y mujeres, ¿No acaso requiere también de años de estudio y amplio conocimiento, preparación? Ahora no basta con lo que de manera inconsciente introyectamos de nuestros padres en sus respectivos roles de padres o peor aún que estas introyecciones, entorpezca más la labor de ser padres.

De ahí la necesidad de reflexionar: sobre el sistema familiar y el papel que los padres ejercemos en la educación de los hijos, de la importancia de educarnos de "cómo ser padres" y "de tener un crecimiento personal" que nos ayude a tener un de cambio de actitud, más competente y favorable para educar a nuestros hijos.

Por lo que este libro tiene como propósito brindar a los padres una herramienta que les permita despertar el interés de ser mejores como padres, padres que hagan sentir a sus hijos comprendidos, padres que aprendan a aplicar una disciplina basada en el respeto mutuo, que aprendan relacionarse con sus hijos, eficaz y amorosamente, que los ayuden a tener una buena autoestima, a desarrollar su inteligencia emocional, padres que enseñen a sus hijos a que sean responsables de su propio comportamiento, sean felices y seguros de sí mismos.

CAPITULO I

ANTECEDENTES QUE INFLUYEN PARA EJERCER LA FUNCIÓN DE PAPÁ Y/O MAMÁ

1.1 La actitud de los padres ante su rol de padres

La actitud de los padres ante su rol de padres, está en parte determinada entre otras cosas, por la relación que tuvieron con sus respectivos padres de crianza, de qué, tan amados se sintieron por ellos, que tan atendidos y de que tanto sintieron pertenecerles. A continuación explicaré cómo influye cada rol en la formación de personalidad tanto de la hija como del hijo.

Influencia de la mamá en la formación de la personalidad de la hija.

El rol de mamá, influye en la hija desde el momento mismo que tiene una raíz tan profunda, que no comienza con lo que comúnmente se considera como la maternidad, en realidad entraña la aceptación plena de su condición de mujer, realizada en la continuidad biológica: el hecho de quedar embarazada renueva y pone a prueba si actitud ante su menstruación, su iniciación sexual, su elección del compañero y antes que todo ello, sobre lo que a lo largo de su vida ha sentido como situación y misión de la mujer, en buena parte, esto se debe a través de la imagen que tiene de su propia madre (como esposa de su padre y como madre de ella).

Influencia del papá en la formación de la personalidad de la hija.

El papel del padre, en la vida de la niña posteriormente mujer; es la de ayudarla a desarrollar una identidad sexual positiva.

Elyce Wakerman en su libro acerca de la pérdida paternal, lo describe así: Aunque la madre puede suplir el modelo de femineidad, es el padre quien motiva a la hija a iniciar la conducta femenina.

La Dra. Heather Harphan (1955), señala que veíamos a nuestra madre cuando se ponía el maquillaje, se echaba perfume y se arreglaba el cabello. Ella era nuestro ejemplo, pero era la luz que brillaba o dejaba de brillar en los ojos de papá la que determinaba nuestra valía como mujer.

Es decir, la contribución del padre en la identidad sexual de su hija va más allá de la afirmación de su femineidad. Él también es un modelo de su primera interacción con el sexo complementario e influye en sus relaciones con los otros hombres. Si la hijita se sintió amada por su padre, le resultó más fácil creer que otro hombre también la amaría. Si su padre fue disfuncional, buscará un esposo disfuncional y por supuesto, el rol de esposa está íntimamente relacionado con el rol de mamá. Lo que traerá consigo altas posiblilidades de que maltrate a sus hijos.

El Dr. Josh Mc. Dowell, nos dice que la falta de un padre amoroso y cariñoso puede dejar a una mujer con el deseo insaciable de ser abrazada y recibir afecto de un hombre, y la imagen que proyecta esta madre a sus hijas en su calidad de esposa puede también afectarlas.

Del amor del padre dependerá que la mujer-madre desarrolle una autoestima e imagen adecuada de sí misma.

Por otro lado, Porot señala que el padre no puede desempeñar su rol de papá que le es naturalmente atribuido en la familia, por estar incapacitado para ello.

Influencia del mamá en la formación de la personalidad de la hijo.

En el caso de los hombres, cuando fueron niños si fue obstaculizada por una madre posesiva o un padre débil, la consecuencia naturalmente es, que no podrá adaptarse perfectamente a su propio rol de papá. Sucederá lo mismo si su mujer comprende mal su papel y quiere sustituirlo en su tarea esencial.

En realidad, a menudo, debido al desconocimiento de su papel y de la naturaleza exacta de las relaciones que deben establecerse entre sus hijos y él, un padre corre el riesgo de no desempeñar adecuadamente su rol.

Si este papá no contó con el amor, la disciplina y atención de su propio padre, cabe la posibilidad que permaneciera apegado a su madre, corriendo el riesgo de frustrar su virilización; ó si tuvo una madre agresiva, destructiva, pudo fomentar una misoginia, que posteriormente repercute en su rol de esposo y por supuesto de padre.

L. Michaux[1] ha reconocido que la falta de autoridad en los jóvenes y futuros padres de familia, los priva de los frenos necesarios para vivir

---

[1]   L. Michaux: chaire de nuevo – psychiatric infantile, lección inaugural. Prese.

en sociedad, además les impide la manifestación ante la autoridad de tres de sus modalidades reacciónales: la oposición, la imitación y la compensación, por ejemplo:

La reacción de oposición, es necesaria, pues traduce a querer emanciparse, cuya ausencia indicaría una inmoderación.

Sutter y Luccioni, citado por Porot, menciona que un padre que a su vez tuvo un padre con las características antes señaladas, desarrolla un carácter falto de firmeza, de constancia, de resistencia; la dirección de su vida está marcada por la indecisión y por la incertidumbre, por el desgano ante el placer o la conciencia moral es pobre y carece de dinamismo. Las relaciones de este padre con el mundo están gravemente perturbadas por esta personalidad inconsistente, repitiendo con frecuencia este patrón de crianza a sus hijos.

Influencia del papá en la formación de la personalidad de la hijo.

Por otro lado, si el padre tuvo un papá que lo aterrorizaba, fue cruel o fue un padre extremadamente rígido como por ejemplo fue el caso de Franz Kafka, puede afectar terriblemente la personalidad de este hijo en su futuro rol de padre.

En una investigación que realicé en el año de 1991-1994, sobre si los niños maltratados tuvieron padres que a su vez en su niñez fueron maltratados, se encontró que el 80% de los padres fueron maltratados en su niñez y a su vez maltrataban a sus hijos, aunque con otros estilos de maltratos, a los que ellos habían recibido. Estas reflexiones que se han hecho acerca de la relación del rol de padre-madre con sus respectivos padres, no sólo afecta la relación con sus hijos, sino que también la relación con su esposa, pues se ha encontrado (Porot 1958) que las parejas que discuten entre sí y que se critican mutuamente, es más probable que actúen del mismo modo con sus hijos (Prurk 1986).

Desgraciadamente, lo contrario no parece ser cierto; en un estudio que realizó Pedersen, los sentimientos positivos entre esposos, no se hallaban correlacionados con el grado de cariño de los padres hacia sus hijos lactantes [*2].

Este análisis nos recuerda un importante hecho; para comprender la relación entre progenitor e hijo, debemos considerar a los padres como parte de un sistema familiar y tener en cuenta todas las relaciones existentes entre los miembros de la familia.

Hemos de recordar además que las familias no están aisladas de otros factores de la sociedad, si no que están incluidas en una amplia red de sistemas sociales entre los que se encuentran el vecindario, la comunidad y la cultura (ver el punto 1.2 en página siguiente) y que esta red de sistemas sociales a su vez está inmerso dentro de una economía, una tecnología y una política de cada país.

Si a todo lo anterior le agregamos que la mayoría de los padres desconocen el desarrollo evolutivo psicológico del niño, se complican las cosas, es tanto como si la persona, al nacer su hijo recibiera un título de una carrera, a la que nunca hubiera asistido a clases y que obligatoriamente tiene que ejercer.

---

[2] * F. A. Pedersen, B. J. Andersen y R.L. Cain: "An approach to understand y Linkges between, the parent-infant end spauve relationships" (trabajo presentado en la Society for Research Development, New Orleans, marzo 1977).

Con todo lo anteriormente expuesto, es inevitable que el padre de hoy en día le surja una gran cantidad de dudas, de confusiones e incertidumbre de sí, estará educando bien o no a sus hijos.

Recordemos que como algo extra, cada una de las etapas de desarrollo que los hijos viven, le remueve la propia etapa de desarrollo que el padre en su momento vivió y dependiendo de cómo la haya vivido, que tanto se le cubrió sus necesidades, tendrá capacidad para intimar con sus hijos e incluso, de disfrutar junto con ellos cada una de estas etapas.

De ahí la necesidad de exhortar a cada padre de familia para que:

1. Crezca como ser humano, tenga un equilibrio emocional, psicológico, físico e intelectual, proyecte a su hijo: una orientación hacia la vida, hacia el optimismo, el progreso, y orientarlo a que desarrolle la capacidad para enfrentar los problemas.
2. Tenga un crecimiento espiritual.
3. Se preparen día a día en su rol de ser padres.

1.2 Importancia de conocer el desarrollo del niño y de prepararse para ser papá o mamá,

Becker (1982) señala que saber por qué, los niños se comportan de la manera en que lo hacen no es un gran misterio. Existen principios generales o leyes del comportamiento. Estos señalan los procedimientos mediante los cuales se explican las formas del comportamiento de manera más específica. Sin embargo, no olvidemos que antes de querer cambiar a los hijos, quienes tienen que cambiar su actitud ante la educación de los mismos son los padres. Aunque sabemos que es verdad que existen muchos cursos de orientación a padres como:

- PET: "Padres Eficaz y Técnicamente Preparados".
- "Autonomía y autoridad en la familia" de Otero Oliveros F.
- "Cómo ser buena madre en un minuto" y "Cómo ser buen padre en un minuto", del Dr. Spencer Johnson.
- "Paternidad efectiva o maternidad efectiva ¿Cuál es tu estilo?". De Robert C. Diguilo
- "Programa de grupos, dinámicas de orientación a padres".
- "Padres afectivos A.C."
- "Aprendiendo a ser papá y mamá".

Pero estos cursos de orientación a padres, pueden no ser tan efectivos e incluso, llegar al fracaso, en la práctica real de la crianza de los hijos y no precisamente por estar mal constituidos, sino porque el padre de familia se resista a morir en viejos patrones de educación a los hijos, para dar nacimiento a un nuevo estilo de crianza, ya sea por sus actitudes, por sus resistencias intrapsíquicas que subyacen inconscientemente en ellos, cuya presencia está por lo general tan arraigada, tan en lo profundo que el solo conocimiento de las estrategias técnicamente hablando de orientación a padres para producir un cambio en los métodos educativos con los hijos no funcionan, a menos que se trabaje con todo lo que se mencionó y se impulse y motive y oriente la voluntad y las actitudes de los padres, hacia ese crecimiento personal (Lewin, 1935, Aransan 1980).

El programa de Padres Eficaces con Entrenamiento Sistemático (P.E.C.E.S.), justamente tiene contemplado en una de sus reglas que: no ha sido diseñado para terapia de grupo, o para padres con hijos que requieren tratamiento con un especialista. Más bien ha sido creado para padres con determinado grado de realización y equilibrio en sus diferentes roles, ya que está fundamentado con una filosofía de la vida que tiene como propósito mejorar las relaciones con sus hijos, pero ante todo (aunque no lo dice textualmente) prevenir alteraciones de personalidad a través del amor, disciplina y respeto mutuo.

CAPITULO II

HISTORIA Y CARACTERÍSTICAS DE LA FAMILIA MEXICANA

Para entender la dinámica de la familia mexicana, es importante retomar el concepto sistemático de la familia, donde se dice que:

> El sistema no se explica como la suma de sus miembros, sino que es el resultado de la interacción y calidad de las relaciones y transacciones entre los mismos. Esto implica que en su totalidad va a depender de la presencia o ausencia de cada uno de sus miembros[3]

Además, es necesario enfatizar que cada sistema familiar tiene su propio estilo de vida, entendiéndose por esto las cualidades y atribuciones que se dan en el seno de la familia que a la vez originan las normas y regulaciones, mediante las cuales se va a dar una estabilidad familiar, en la que, sistemáticamente hablando, se le da el nombre de equilibrio u homeóstasis. Este aspecto es fundamental para la cohesión familiar que en términos de familia mexicana llamaremos "Lealtad Familiar". Para preservar dicha lealtad, la familia como grupo viene a ser el primer agente transmisor de valores y tradiciones que van a su vez a dar esta al sistema, dando a cambio seguridad, protección, crecimiento y desarrollo.

---

[3]   Ogay, Mario: ¿Qué pasa con la familia en México?.- pág. 6.

Según nos menciona Orgay:

En un sistema de lealtad y expectaciones como es el de la familia mexicana, lo más importante es el equilibrio del sistema. La familia es equilibradora, homeostática, integradora y terapéutica. La educación, la salud y la selección sexual, todavía son funciones de la familia. Dicho sistema construido en dicha forma tiene aspectos que ayudan al equilibrio de sus miembros. Debido a sus características y cualidades tradicionales y conservadoras, es al mismo tiempo un grupo conflictivo para el crecimiento, la creatividad y el desarrollo de los procesos de individualización y autonomía.[4]

Por otro lado, Dolores M. Sandoval nos dice que debemos reconocer el efecto de un sistema familiar autoritario, como el mexicano, que demanda conformidad, limitando la autoexpresión, exploración y participación activa hacia el ambiente. Tal sistema familiar es un agente inhibidor que no facilita el desarrollo de potenciales y talentos. La pasividad, así como la mistificación de la maternidad, la autoridad y otras figuras reales y simbólicas, no ayudan a la estructuración y a la diferenciación de los diversos sistemas sociales operantes. No se está ayudando a que desarrollen una actitud y un sentimiento que ofrezcan al individuo la capacidad y el deseo de ser modificados y modificar sistemas sociales para hacerlos más efectivos y apropiados a las necesidades de todos sus integrantes.

Para entender los diversos roles y funciones en la familia mexicana, es necesario considerar las diferentes condiciones socioeconómicas y políticas por las que ha atravesado en el curso de la historia. Esto sobre

---

[4]   Orgay Mario, ... Idem, pág. 69.

DRA. MARÍA ESTHER BARRADAS ALARCÓN

todo porque existe la creencia (es lo que se ha hecho creer) de que muchos de los roles son "naturales", este hecho se ve reflejado en la idea casi universal de considerar a la mujer como un ser con la responsabilidad exclusiva de procrear y cuidar a los hijos y el hogar, ya que biológicamente está dispuesta para ello, aunque tenga además que trabajar fuera del hogar, para ayudar a la economía familiar.

Independientemente de que este hecho no se perciba como algo culturalmente impuesto y modificable, en México, el papel de la mujer adquiere matices un tanto diferentes a otras culturas tales como la europea o la estadounidense, como son por ejemplo, su grado de abnegación, sumisión y subordinación, que puede alcanzar niveles de sacrificio y humillación.

Este hecho incuestionable está determinado por nuestra historia, por ello realizaré un breve recorrido desde la época prehispánica hasta nuestros días.

2.1 Época Prehispánica

La cultura azteca rendía culto a una serie de deidades, tanto masculinas como femeninas: Huitzilopochtli, Tezcaltlipoca, Tlaloc, son representantes de las primeras y Coatlicue, Tonatzin, Cihuacoatl y Tlazoltectl de las segundas, todas ellas con funciones relacionadas con la procreación y maternidad, siendo Coatlicue la diosa más importante de la sociedad azteca, cuya imagen, significado y culto, ocupaban un lugar preponderante dentro de tal cultura; Coatlicue era la diosa de la tierra, de la vida y de la muerte, representaba también el principio de la generación primordial. De ella surgió todo ser, todo lo que vive y respira, así como lo que tiene forma… ella estaba antes que todo principio (J.A. Alegría, 1983) "Psicología de los Mexicanos".

Por su función reproductora y creadora, Coatlicue fue relacionada con la maternidad y por tanto con todo lo concerniente a lo femenino. Por ello a la mujer azteca se le atribuía ciertos caracteres y funciones que las trascienden a pesar de sus limitaciones humanas. Ya que como Coatlicue son potencialmente creadoras de la vida. Así, al igual que la diosa, la mujer azteca inspiraba respeto y cierto temor en cuanto que participaba en las facultades divinas de Coatlicue.

Según J.A. Alegría, (1983); es muy posible que Coatlicue fuera la reminiscencia de un antiguo matriarcado en la tribu azteca. Por otra parte, Huitzilopochtli, el último hijo de Coatlicue, fungió como guía de su pueblo, fue él que condujo a la tribu a abandonar Aztlán y el que eligió el lugar donde debían de detenerse. Aramoni Aniceto "Psicoanálisis de la dinámica de un pueblo", (pág. 28).

En cuanto a las actividades primordiales de los aztecas, tanto las mujeres como los hombres tenían papeles tradicionalmente asignados, por una parte las mujeres aztecas estaban destinadas a las labores hogareñas y los hombres a bélicas principalmente. La maternidad era tan importante para los aztecas, que las mujeres que morían dando a luz, adquirían el rango de diosas y después de la muerte se iban a vivir a la mansión del SOL, en una unión de los guerreros que morían durante el combate.

La mujer en la sociedad azteca jugaba un papel secundario, pero no devaluado y esto básicamente porque, la única actividad importante valorada del pueblo azteca, era hacer la guerra, ante eso todo lo demás

DRA. MARÍA ESTHER BARRADAS ALARCÓN

resultaba vano e intrascendente, por lo tanto, cualquiera otra posibilidad debía subordinarse a ese ideal.

Aramoni Aniceto nos dice que:

Los antecedentes aztecas son claros en cuanto a dualidad entre hombre y mujer, entre poder masculino y femenino, matriarcado y patriarcado. El hombre de México como el de cualquier parte del mundo, ha pasado por épocas similares en el amanecer de su historia.

Y de acuerdo a Dolores M. De Sandoval:

La educación la podemos describir y resumir de la siguiente manera: los aztecas.

Antes de los cinco años consideraban que, la educación maternal era directa, el cuidado y la ternura de la madre, el exceso de este afecto, de protección, imposibilitaba al hijo a valerse por sí mismo, así como la prolongada lactancia, el solucionarle todos los problemas le impedían iniciar su independencia o abastecerse a sí mismo: además gran dependencia y fijación hacia la madre en los primeros años de la vida. Durante este tiempo, el padre está ausente, no tiene función, solo la madre. Tiempo de formación y de influencia psicológica más efectiva en cuanto a la actitud hacia la existencia, la religión, la mujer, el trabajo, la muerte. Años formativos del carácter azteca, para enfrentar los grandes problemas de la época y tratar de resolverlos. Después del ingreso a Calmecac o al Telpochcalli y la permanencia ahí varios años, hasta la edad de pelear o casarse. De los cinco años en adelante, la educación es de hombres y para hombres, en manos de sacerdotes y educadores. Ellos harán que él acepte, funcione y ame, a través de lo que se les enseña. Así se esculpe el carácter social e individual del habitante del lago.[5]

2.2 La Conquista en México

Alegría J.A. (1983) y Ramírez Santiago (1985):

A la llegada de los españoles, eran bien claras las tensiones sociales en la comunidad indígena, marcadas por las diferencias idiomáticas, políticas, culturales y militares de las diversas tribus; destacándose la predominancia del pueblo azteca sobre otros en todos los aspectos. Esta situación provocó fuertes sentimientos de hostilidad y rebeldía contra el grupo dominante; pero por otra parte, existía una tensión profunda contra la clase teocrática-militar prevaleciente, debido a los privilegios que gozaba.

Aunado a este hecho, la conquista también se vio favorecida por la imagen que del español tuvo el indígena que fue visualizada de dos diferentes modos: el grupo dominante vio en ellos una amenaza, cargada de subjetividades al verlos como Quetzalcoatl que surgía del oriente y la clase socialmente sometida vio en la imagen de los españoles, la esperanza que habría de liberarlos de una dependencia demasiado pesada y fatigosa a sus espaldas.

Ambos factores fueron usados intuitivamente por los conquistadores. No cabe duda que la conquista fue posible más en virtud de la estructura

---

[5] Dolores M. De Sandoval "El mexicano: Psicodinámica de sus relaciones familiares". Edit. Villicaña, S.A., pág. 24 y 25.

DRA. MARÍA ESTHER BARRADAS ALARCÓN

del mundo indígena, que en función de las características militares de los españoles.

Se enfrentaron a dos mundos distintos; el aventurero pragmático y realista del español del siglo XVI y el místico y mágico del indígena. El español en su mayoría encontraba en la conquista el camino del triunfo y la adquisición de un mayorazgo que el destino le había negado, dejaba tras de sí su manera de vivir, sus costumbres, su lengua, su religión, etc., el mundo que descubría carecía de existencia, en sí, únicamente era valuado en función de que podía hacer accesible todo aquello que en el pasado le había sido negado.

Por todo ello, la valoración que el español hizo de la mujer indígena fue negativa. La mujer es devaluada en que paulatinamente se le identifica con lo indígena, con lo conquistado, el hombre es sobrevalorado en la medida en que se le identifica con el conquistador, lo dominante y prevalente. Esta paridad de masculino-femenino, activo-pasivo conocidas en otras culturas; toma en la nuestra aspectos sobresalientes y dramáticos. La mujer es objeto de conquista y posesión violenta, su intimidad es profundamente violada y herida. De tal forma que la mayor parte de los mestizos nacieron bajo el estigma del desamparo y abandono paterno. Este sentir superior frente a las mujeres, en plan de grandes señores, necesitados de obtener los servicios frente a las mujeres, en plan de grandes señores, necesitados de obtener los servicios incondicionales de ellas, ha matizado mucho los aspectos estructurales del matrimonio mexicano. (Dolores M. De Sandoval).

El mestizo que fue equiparado paulatinamente una serie de categorías: masculinidad, capacidad de conquista, predominio social y filiación ajena al suelo que van a cargarse de un fuerte signo masculino; y debilidad, femineidad, devaluación social y fuerte raíz a la tierra, serán rasgos femenino e indígena.

Concluyendo, a la mujer indígena en el mestizaje le tocó la peor parte, ya que tuvo que renunciar a sus formas y estilos de vida ya demás fue poseída sin amor o alguna consideración a sus deseos; entonces la mujer al no realizarse en su relación femenina con su compañero por un lado y por el otro al ser devaluada busca en la maternidad y en sus hijos lograr dignificarse de alguna manera y todo su afecto será depositado en los mismos.

2.3 La Independencia

La independencia es otro de los hechos trascendentes de la historia de México, comparable quizá con la conquista, pero al mismo tiempo una consecuencia de aquella, en cuanto a que es la consolidación de un proceso que comienza en la función inicial de la cultura azteca y española y que culmina en el surgimiento de un nuevo país.

La lucha de independencia, excluyendo las circunstancias históricas que en un momento determinado la hicieron posible, es la necesidad de afirmación y rebeldía, frente al "padre" europeo. Justamente en ella se erige como estandarte simbólico a una virgen india "La Virgen de Guadalupe".

La pugna existente entre los nacientes imperios anglosajón y francés, hizo que durante algún tiempo, el lugar predominante sustituto de la vieja España fuera ocupado por Francia. Entonces surge el afrancesamiento de la sociedad mexicana; se admira la licencia, la novela, la música y el gusto francés, una vez más se admite lo ajeno para desdeñar lo propio. La enseñanza, la educación y la cultura se planean de acuerdo al esquema francés.

En esta época, la familia mexicana inició una serie de inconsistencias, debido a que los hombres se iban a la lucha y algunas de sus mujeres con ellos (las soldaderas) los seguían; otros se iban solos y ya no volvían, este ambiente de guerra creó inestabilidad e incertidumbre en los grupos familiares.

Después de este periodo se inicia una etapa de modernización en México y surgen las bases para las instituciones sociales más importantes en nuestro país, en la "Constitución de 1917".

En este período la familia en México, empieza a adquirir ya la configuración de la familia moderna, con dos modalidades: la Familia Rural y la Familia Urbana; la primera con características de familia extensa y la segunda con características de familia nuclear.

Es así como se llega a la "Familia Rural" actual, cargada tradicionalmente por todas aquellas facetas históricas que inició el pueblo mexicano, así dentro de este medio, el tipo de familia que prevalece tiene como característica según Luis Leñero (citado por Sánchez Azcona, 1982); el padre como centro, donde gira la actividad económica y social, tanto para su esposa como para sus hijos, además es él, que de acuerdo a su ocupación y con el monto de sus ingresos determina la clase social a la que pertenecen. Por otra parte, la mujer viene a representar el centro afectivo, es quién da la seguridad emocional a los miembros de la casa y es la administración del hogar, tanto en lo económico como en lo emocional.

2.4 Familia Mexicana Actual

La familia mexicana tiende a ser concebida más como grupo extendido que como nuclear, por lo que se le da suma importancia a los abuelos, padres y suegros que influyen de una manera notoria en los hijos y sobre todo en la nueva pareja (matrimonio), esta influencia se deja llevar por las "ganancias secundarias" que se obtienen de la misma, como son coparticipación en roles, funciones y expectativas dadas por la tradición por lo cual no existe un establecimiento claro de límites, teniendo esto a la rigidez del sistema familiar. Dentro de éste se dan estereotipos de dichas funciones y roles que son enseñados a las nuevas generaciones, a través de patrones establecidos, llenos de costumbres y tradiciones, dando así primeramente un sistema jerárquico y autoritario.

Como el hombre va a ser el que trabaje y sea el proveedor económico, se invierte en él el dinero, energía, atención y un entrenamiento para que aprenda a competir y volverse agresivo.

Como la mujer va a estar en casa, al cuidado de los niños, organizando y haciendo las labores domésticas, se le orienta a jugar con los muñecos y a las comiditas.

Estas funciones se comienzan a definir desde el nacimiento, pero se ven reforzadas a través del juego y de los juguetes que se proporcionan en el hogar y más tarde en la escuela.

Lo anterior da como resultado una estructura familiar generalmente con un padre periférico y una madre aliada a los hijos, que en ocasiones se transforma en coalición en contra del padre, ya que es mejor manejar el conflicto conyugal a través de los hijos que con una confrontación de

DRA. MARÍA ESTHER BARRADAS ALARCÓN

pareja, resultando así también las triangulaciones que tanto afectan en el desarrollo de los pequeños.

Sintetizando esto, podemos, según Orgay y Sandoval, decir que:

El matrimonio en México es todavía un arreglo físico y económico basado en un sistema patriarcal, donde el hombre provee a la familia de una seguridad económica y la mujer provee el confort a la misma, haciendo los quehaceres y procreando. Este sistema de cacicazgo es el patrón estructural y funcional, naturalmente, de otros sistemas sociales. Dichos sistemas garantizan el orden a costa de la libertad de cada individuo, siendo dicha estabilidad lo más preciado por los organismos establecidos. Así, el matrimonio, visto como una relación emocional intelectual, es todavía un punto de vista demasiado sofisticado para nuestro desarrollo evolutivo.

José, E. Iturriaga nos dice que:

Cuando llegan los hijos, las expectativas hacia estos son variadas; se espera que el primero sea hombre "machito", si es niña se consuelan comentando que estas son más dóciles y más consentidas con papá y compañeras de mamá. Naturalmente los aspectos físicos cobran importancia, de preferencia que sea blanquito y de ojo claro y si es niña mucho más.

Para ocupar un lugar o posición social, es necesario título profesional y la familia hace todo el esfuerzo y manipulación posible para la obtención del mismo.

En general, podemos decir que: nuestra herencia "católica" basada en culpa, arrepentimiento y perdón, nos da la pauta para que nuestras acciones sean poco planeadas e inmediatas.

Dentro de nuestros sistemas familiares mexicanos, existe una figura muy importante dentro de sus procesos, esta es la trabajadora doméstica, ya que la convivencia diaria con ella crea un sinfín de relaciones confusas, pues es percibida como una figura generalmente femenina devaluada-omnipotente y cercana distante. Además, el servicio prestado por ella no ayuda a fomentar la cooperación y participación de los demás en las tareas familiares, ya que para eso se le paga.

Podríamos agregar por otra parte que la pareja está tan sobrecargada de trabajo que se presta poca atención como individuos y como pareja misma, ocasionando en un tiempo conflictos que quedan sin resolver.

Cuando existen niños fuera del matrimonio las "Madres Solteras" no toman su papel, su rol más bien es de hermana mayor de su hijo por lo tanto el niño crece en la ambigüedad de dos madres.

En situación de viudez las actitudes son distintas, dependiendo quién es el que enviuda y la edad que tiene. Si la mujer es joven, existen los dobles mensajes: necesitas un padre para tus hijos; sin decirle que necesita un hombre para ella; se le pide fidelidad eterna sobre todo en el plano sexual. Los hijos son un obstáculo para que los padres rehagan su vida. Se niegan la posibilidad de estas situaciones.

Para dar fin a este capítulo, nos toca hablar de un aspecto muy importante dentro del sistema familiar como lo es la paternidad. Los padres quienes introyectaron el rol de ser padres de sus propios papás se refuerzan el ejercicio de su paternidad con el "apoyo" y "sabiduría" de las abuelas que son las que saben todo eso con relación a la crianza de los hijos. Si hay otros niños, se les oculta al máximo el embarazo y no se informa lo que pasa, si se responde es por medio de absurdas "mentiras blancas". Aunque en la ciudad no es una regla general, mientras en las zonas rurales es muy frecuente encontrarlo de esta manera.

En el momento que los padres empiezan a funcionar como tal dentro del hogar, lo hacen como tradicionalmente se ha venido enseñando. La educación hogareña tiene bases tales como: el chantaje, la corrupción, la manipulación, la seducción de los padres hacia los hijos y viceversa. No se fomenta la autodisciplina, ni el autocontrol, ni tampoco el respeto, sino por el contrario, se forman "madruguetes" y "abusados".

La distribución de privilegios y castigos es dispareja, se fomenta el sentimiento de culpa. Se da el paternalismo, dentro del cual la distribución del poder es lineal existiendo así el favoritismo. Asimismo, el autoritarismo se utiliza para solidificar y reestructurar el grupo familiar como sistema, la libertad es mínima. Para estabilizar y armonizar la distancia del grupo, se usa la lealtad como proceso de cohesión. Este proceso va en contra de la independencia, la individualidad y la privacía, tomando poca relevancia dentro de la misma; también se provocan las alianzas y coaliciones entre los miembros siendo la madre la transmisora de los valores, manteniendo así la lealtad del sistema.

La disciplina que se da a través de los roles paternos del papel "ogro" y la madre "protectora". Se utilizan métodos disciplinarios tales como la intimidación que se basa en infundir miedos y temores, dando como resultado la falsa valentía y el falso coraje; se fomenta el sentimiento de vergüenza para lograr el respeto hacia los demás y sobre todo a los padres, logrando así la no expresión y la no aceptación propia. Se enfatizan los errores y las dificultades sin apreciar los esfuerzos, lo cual logra el falso orgullo, ocultando el éxito real. Además, las acciones de apoyo para educar a los niños son: amenazar, pegar, castigar, gritar, insultar y usar un lenguaje pre-verbal.

Algo muy usado es también el "Secreto Familiar", todo se oculta, se dice a medias o se ignora. Al respecto, Armoni Aniceto señala que:

El saber y dialogar, implican responsabilidades y decisiones que requieren una actitud de confrontación y realismo que por generaciones no se han practicado en México.

En la mayoría de las familias, dado que el padre es periférico y la madre tiene que trabajar, se dan los "hijos parentales". La autoridad es repartida del mayor al menor, los hijos suelen pelear por la distribución del poder, por la atención de los padres, usando ciertos tipos de comportamiento.

Cuando los padres están en la etapa del matrimonio con hijos jóvenes, existen varias situaciones de competencia, ya que los padres no pueden admitir que los hijos crezcan, pues esto significa una pérdida, la cual provoca una fuerte depresión en estos. Por lo tanto, se consigue una alianza con la enfermedad para poder mantener a los hijos dependientes. Suele suceder en las familias que el más chico por ser el último se ha retenido. El problema de los jóvenes es que no se les enseña métodos de disciplina que vayan a desarrollar en ellos una responsabilidad para el trabajo y en general, para sus obligaciones.

DRA. MARÍA ESTHER BARRADAS ALARCÓN

La autoridad se da piramidalmente, existiendo una jerarquización que pueda tener más control y sostener el status quo. El concepto de autoridad se traspola a la escuela, a la empresa, etc., donde se aprende a obedecer y callar, desarrollándose un status por poses y actitudes. Se da el patrocinio o padrinazgo surgido del paternalismo familiar traspolándose también a las otras instituciones.

La, imposibilidad de la madre y el padre de ser felices, la imposibilidad de haber desarrollado una adecuada personalidad generó ineptitud para conducir a sus hijos hacia la felicidad

También señala que ha existido la seguridad absurda de que los padres son superiores a los hijos y poseedores del mejor modo de vivir y realizar la vida; de que deban ser obedecidos, continuados, prolongados hacia el infinito por los hijos que (desgraciadamente de ellos), no pueden defenderse cuando pequeños por la desventaja y cuando adultos, ya no pueden porque les han fracturado el carácter y la personalidad. Abuso y atropello de seres grandes contra seres pequeños, de gente con fuerza muscular y estatura, con capacidad económica y mejor capacidad de argumentar y mentir. Padres que puede decir: esto no se hace porque yo no lo quiero, o bien, esto se hace porque yo lo digo - padres que imponen su criterio irracional sólo por haber procreado y tener más experiencia que cotizan por su edad, canas y tamaño.[6]

Hombres y mujeres adultos abusivos, que responden al hijo cualquier cosa, con el objeto de quitárselo de encima, que juegan con él fraudulentamente, pensando en otra cosa, y con la impaciencia retratada en el semblante y en la acción. Padres que los abandonan para jugar y

---

[6] Aramoni, Aniceto "Psicoanálisis de la dinámica de un pueblo" (México Tierra de Hombres Pág. 17)

divitirse constantemente, que ponen la vida de sus hijos, producto de su unión en manos extrañas. Por quienes no son sus hijos) Padres que compran el amor con la seducción económica o juguetería, con el monto abrumador del regalo que cubre el cariño que no existe. Que mandan a sus hijos a educarse lejos, en nación extranjera, racionalizando la mejoría de métodos pedagógicos, pero en realidad con el afán de que alguien los aguante, los corrija, los eduque o los enderece; desde la escuela convencional hasta la escuela de cuartel.

Mujeres que se hacen obedecer con la mirada, con el gesto y con la sola presencia, convierten a los hijos en zombies que voltean y miran antes de hacer o sugerir algo y que semejan mendigos que se acercan con la mano extendida después de haber explorado que la mirada del sujeto no sea amenazadora, dura, despreciativa.

Hombres y mujeres que ridiculizan la iniciativa, los deseos, opiniones y aspiraciones de los hijos, frecuentemente más razonables y capaces que sus críticas; tan solo han llegado al cumplimiento de una situación biológica y social, sin estar preparados para ello. Han tenido un hijo cuando todavía necesitarían que los cuidaran a ellos mismos y que la responsabilidad que les corresponde otro la ejerciera.

Es problema de adultos limitar lo que pueden entender o lo que les "interesa". Problema del adulto y de la neurosis del adulto, es postergar y eludir, para otra ocasión la respuesta a una pregunta escabrosa, sobre algo que aparentemente no tiene sentido, que es extraño y absurdo, pero que al niño le interesa.

Ser Padres biofílicos, implica ciertas condiciones: amar la vida, lo que existe, las flores, el ser humano, los animales, el universo, sentir alegría, la

DRA. MARÍA ESTHER BARRADAS ALARCÓN

alegría con que Dios ha querido que se le ame y odiar la destructividad. Interesarse por todas las cosas del mundo, ya que le concierne como ser humano.

Amar al hijo exactamente como a todo lo demás: como a un pájaro a quién no se enjaula, una planta que no se mutila, un animal a quien no se lastima o impide la libertad. Como a la ciencia, a la música, al libro; pero además, cosa importante y fundamental, amar al hombre con quién ha tenido un hijo, con quién se ha relacionado y vive; de ahí la aberración grave de decir y hacer hincapié en que se es madre antes que todo, sin importar no darle una familia integrada con un papá.

El hijo necesita también del padre, es necesario que ame a su padre que es el que complementa el triángulo básico de su vida, no tiene por qué odiarlo, o porque privarse de él, ni elegir entre ambos.

Es necesario pues, el respeto por el que unido a ella procreó a ese hijo, por la labor que hace y por lo que le interesa.

Madre absoluta, mártir y sacrificada, es madre creadora de sentimientos de culpa, de apoderamiento, dependencia y limitación, de carencia de espontaneidad para elegir el género de vida que debe llevarse.

La mejor satisfacción y realización de los padres, principalmente de la madre, conducirá sin duda a una mayor responsabilidad de felicidad para su hijo.

Menos neurosis de los padres, mayor entrega y mejor relación entre madre e hijo, harán mejores hijos. (Aramoni Aniceto 1965 y Sandoval 1985).

• Otros cambios en la familia mexicana actual.

Según el resultado del INEGI en el 2014 el tamaño de la familia mexicana bajo de 5.3 en 1970 a 3.7 en 1014, la reducción del tamaño de los hogares se debe principalmente a:

Políticas de control de natalidad, disminución de la fecundidad, formación de nuevos hogares, inestabilidad familiar y migración interna e internacional.

Los hogares nucleares con y sin hijos se redujeron de 80% en 1970 a 64% en 2010, y los hogares nucleares con hijos disminuyeron de 58.7% en 1970 a 45.5 % en 1010. Los hogares extensos y compuestos suman más de una cuarta parte de los hogares 26.7% (1987) y 28.1% en (2005).

La presencia de las familias extensas en México ha sido frecuentemente asociada a;

La escasez de viviendas, la diversidad económica y algunos aspectos culturales como el patrón patrivirilocal de residencia en las primeras etapas de la unión conyugal.

Los hogares unipersonales en 1987 representaban 4.3% y 9.0% en 2010
Esto se debe principalmente al:

• Aumento de la esperanza de vida
• Mortalidad diferencial por sexo
• Condiciones socioeconómicas para mantener un hogar aparte.

DRA. MARÍA ESTHER BARRADAS ALARCÓN

Se asume un modelo de familia nuclear tradicional, el cual no contempla la adición de otros parientes o la coexistencia de varias generaciones. Se propone una visión normativa del cambio familiar. Se excluyen situaciones que no siguen el modelo "ideal".

Desde un enfoque del trabajo entre hombres y mujeres se han suscitado cambios en la familia mexicana por ejemplo la participación económica femenina

- Participación de los varones en los trabajos domésticos y de cuidado.
- Sobre carga de trabajo femenino.

Las esposas o convivientes tienen un menos nivel d actividad económica que las jefas hijas u otros parientes.

Pero las esposas casi duplican su presencia económica en las últimas dos décadas (285 en 1991 a 45% en 2011)

En cuanto la división del trabajo remunerado, se tiene que la participación económica femenina aumentó de 19% en 1970 a 44% en 2010 como respuesta a:

- Las sucesivas crisis económicas.
- Las estrategias de sobrevivencia familiar.
- Los procesos de expansión del sector terciario.
- La mayor flexibilidad laboral.
- Incremento de la escolaridad femenina.
- El aumento de la jefatura femenina.

En cuanto a las consecuencias de la mayor participación económica femenina se presenta la perdida de importancia el modelo de familia con un jefe varón proveedor exclusivo (de 50.7% en 1992 a 35.8% en 2010). Y el aporte de los cónyuges al ingreso familiar contribuye de manera significativa a mantener a muchas familias por encima de los niveles de pobreza.

No ha ocurrido un aumento significativo en la participación de los valores en los trabajos doméstico y de cuidado.

La sobrecarga de trabajo doméstico y extra doméstico de las esposas es alrededor de 15 horas a la semana en comparación con los hombres (datos de 2009).

Hay cambios incipientes hacia un papel más activo de los padres varones en la crianza. La participación de los hombres en los trabajos del cuidado es más elevado en los jóvenes, los estratatos más favorecidos en términos de escolaridad.

En cuanto al ejercicio del poder se tiene las formas de convivencia familiar como:

- Participación de las mujeres en la toma de decisiones.
- Las formas de control de las mujeres por parte de los cónyuges varones.
- Violencia doméstica.

Los espacios masculinos se definen en torno a la compra de bienes importantes, el lugar donde vivir o hacia donde mudarse y la esfera del ocio.

DRA. MARÍA ESTHER BARRADAS ALARCÓN

Los espacios femeninos se ubican principalmente en torno a los roles de esposa, madre (la compra de alimentos y las enfermedades de los hijos). Decisiones sobre la reproducción, la sexualidad y la crianza de los hijos, se toman mayormente de forma conjunta entre ambos cónyuges.

- En cuanto a la libertad de movimiento se tiene que los permisos masculinos constituyen una forma de control de la libertad de movimiento y de asociación de las mujeres.
- En las ciudades de México y Monterrey, a fines de los años noventa, alrededor de 25% de las mujeres pedían permiso para trabajar, 23% para asociarse, 18% para visitar amigos.

En cuanto a la violencia doméstica se tiene que el tipo de violencia más frecuente en México es la emocional, seguida de la económica, la física y la sexual.

Las mujeres más expuestas a violencia:

Las jóvenes, las económicamente activas las que experimentaron (ella o sus parejas) violencia en su niñez y las con parejas que castigan a sus hijos.

Dentro de los factores que propician la tolerancia a actos de violencia.

- La falta de recursos económicos.
- La baja escolaridad.
- El miedo a las amenazas del compañero.
- Los sentimientos de inseguridad para enfrentar la vida sola.
- La esperanza de que el compañero cambie.

En México las políticas sociales orientadas a las familias se encuentran las políticas de conciliación familia-trabajo o políticas de corresponsabilidad.

Porque hoy en día en México se requieren políticas de conciliación familia-trabajo?

Por la creciente participación económica femenina, por el aumento de familias con jefatura femenina, porque el tiempo de trabajo de las mujeres ha aumentado y por la baja participación de los varones en los trabajos domésticos y de su cuidado.

En cuanto a las política de corresponsabilidad

- El balance entre la vida familiar y laboral es responsabilidad de la sociedad y no solamente de las mujeres.
- Hay propuestas hacia una mayor corresponsabilidad en:

  - Los programas de igualdad de género.
  - La nueva Ley Federal del Trabajo.

Con respecto a las políticas de conciliación familia – trabajo

- México no destaca por las leyes y política vigentes en la materia.
- Medidas que se limitan a las trabajadoras formales que cuentan con:

  - Licencia de maternidad de 12 semanas.
  - 2 descansos de 30 minutos al día durante la jornada de trabajo para lactancia.

DRA. MARÍA ESTHER BARRADAS ALARCÓN

Hay políticas de reasignación de responsabilidades con subsidios para el cuidado por parte del Estado. Extensión de la cobertura de los programas de educación preescolar, y la ampliación de la jornada escolar, el servicio doméstico y de cuidado en el lugar de trabajo (restaurante, transporte, guardería), Promoción de cambios culturales, reorganización del tiempo familiar, licencias de paternidad y desarrollo de una paternidad responsable.

Finalmente Para impulsar políticas y acciones de corresponsabilidad se necesita la participación de:

- Los grupos organizados de mujeres
- Legisladoras
- Gobierno federal
- La sociedad en general

CAPITULO III

ANTECEDENTES HISTÓRICOS DEL MALTRATO A LOS NIÑOS.

3.1 Historias de filicidios, infanticidios y maltratos

Las Historias de filicidios, infanticidios y maltratos en general al niño, abundan en la Mitología, la Leyenda, la Literatura y la Religión.

Como antecedente y de manera aclaratoria, Rascovsky (1975) nos dice que existe una repugnancia cultural para aceptar la realidad de la matanza de los hijos. El término científicamente adecuado que debe aplicarse, es el Filicidios (del latín filus, hijo, y cidium-cide, matar); en lugar de este término señala que se utiliza el Infanticidio, al cual se refiere la matanza de los niños sin alusión alguna la intervención parental. La evitación del término puede interpretarse como la defensa universal de no querer aceptar el asesinato de los hijos por sus padres.

Como antes mencionamos, tanto el filicidio como el infanticidio, aparecen sin rodeos, en diversos mitos básicos, en los orígenes de la cultura, a menudo como un requisito esencial en la relación armónica del individuo o de la sociedad con el Ser Divino o como un fundamento de acto con el mismo.

Frazer, señala que el Rey aun de la antigua Suecia, sacrificó a 9 de sus hijos al dios Odin en Upsala con el objeto de prolongar su vida 9 años en cada muerte[7]

Algo semejante nos dice la Leyenda de Edipo; Layo Rey de Tebas le atravesó los pies con un clavo a su hijo recién nacido y lo llevó a una montaña donde lo abandonó para que muriera, cuando un Oráculo lo previno que el niño crecería y pondría en peligro la vida y el trono de él.

En la Biblia, se expresa también inequívocamente la exigencia de la muerte del primogénito. Por ejemplo, la matanza de los bebés de dos años y menores, ordenada por Herodes.

Es decir, el infanticidio como el filicidio, han sido un rasgo característico de la cultura en general, Hellban, nos menciona en la fiesta del quinto mes Toxcatl dedica al dios Tezcatlipoca, acuchillaban con una navaja de piedra a los jóvenes muchachos y niños pequeños en el pecho, en el estómago, brazos y en las muñecas para agradar a su dios.

En las grandes civilizaciones antiguas era considerado como un medio para eliminar a todos aquellos pequeños que por desgracia nacían con defectos físicos. Así en la India cada infante con algún defecto físico, se tenía la creencia de que era instrumento del diablo y era destrozado.

Es muy interesante observar la actitud de una sociedad hacia los niños como parte de un contexto completo de valores que puede variar de una cultura a otra, aún entre pueblos cercanos.

---

[7]   Frazer citado por Rascovsky Arlando en "La Matanza de los hijos y otros ensayos", Edit. Kargieman, Buenos Aires, 1975 P.P. 15-16.

La antropología Margart Mead, por ejemplo, ha descrito a los Arapesh de Nueva Guinea, amables y no violentos, que aman y estiman a los niños. Pero los Mundugumor, una tribu vecina, son gente feroz y agresiva, practicaban el infanticidio y tratan duramente a los niños que permiten sobrevivir...[8]

Vemos pues, que a través de la historia, el infanticidio y el filicidio (ya sea como sacrificio a los dioses, como medida eugenésica para deshacer de los enfermizos, o como una forma de control de la población para mantener bajas cifras), ha sido una característica constante e importante en la historia social humana.

¿Pero, qué pasa cuando no se llega a la muerte del niño?

Pues se llega al maltrato en sus múltiples presentaciones.

Séneca, señala hechos como: La explotación de las indefensas criaturas para la supervivencia de los padres, por medio de la extracción de un ojo o la amputación de una pierna, con la finalidad de convertirlos en limosneros profesionales – (esto mismo bien puede encontrarse en pleno siglo XX).

Pero, aparte de que algunos niños eran convertidos y obligados a "trabajar" como limosneros, en la primera década de 1800, otros tantos eran enviados a las minas y a las fábricas, donde eran inhumanamente explotados. Luego entonces, el esclaviza miento de los niños pobres como

---

[8] Mead Margaret, citada por Naomí Feigelson Chase en; "Un niño ha sido golpeado; la violencia contra los niños, una tragedia moderna", Edit. Diana, México, 1980, P.P. 390 y 40.

DRA. MARÍA ESTHER BARRADAS ALARCÓN

parte de la fuerza de trabajo se convirtió en forma creciente en un río de explotación de la población y del problema de la mano de obra barata.

Esto último, en la actualidad se continúa presentando, ya que el trabajo de los niños es uno más de los resultados de la estructura socio-económica (capitalista), imperante en cualquier país.

Como por ejemplo de esta afirmación se encuentran una seria de investigaciones realizadas por organismos nacionales e internacionales reconocidos como la O.N.U. (Organización de las Naciones Unidas), O.I.T. (Organización Internacional del Trabajo), I.N.E.T. (Instituto Nacional de Estudios del Trabajo), etc., así como profesionistas particulares especializados en el tema.

En México, por ejemplo, la periodista Poniatowska menciona que: "En un país de desamparo como el nuestro, el trabajo de los niños es formal. Si no trabajan no sobreviven..."[9] En 1977, la información periodística señala que en un estudio realizado por la Confederación de Trabajadores de México (específicamente por la Confederación Obrera de Organizaciones Juveniles), plantean la cantidad de 1'500,000 menores de 14 años de edad y la de 200,000 que deambulan buscando la manera de sobrevivir[10]. Más recientemente, del análisis censal y de las cifras extraoficiales mencionadas, se desprende que existe una tendencia al aumento de la participación de los niños de 14 años en la fuerza de trabajo del país.

---

[9]   Poniatowska Elena, "Le muevo la panza". Rev. Fem. Edit. Nueva cultura Feminista S.C. México, 1978. Oct-Dic., P.P. 13.

[10]   ).- Bensunsa Graciela, cap. "México".- "El trabajo de los niños publicado bajo la dirección de Elías Mendelievich, Edit. OIT, Ginebra, Suiza, 1980. P.P. 107.

En resumen puede decirse que el filicidio, infanticidio y maltrato general al niño, se remota desde tiempos inmemorables en todas las sociedades, en las diversas culturas, religiones, etc. y ha sido un instrumento frecuente en la política socio-económica a nivel mundial.

3.2 Definición del concepto niño maltratado

El Síndrome del Niño Maltratado fue descrito por primera vez en 1868 por Amboise Tardieau, catedrático de Medicina Legal en París; basándose forzosamente en hallazgos obtenidos en las autopsias practicadas a los infantes cuando la causa de su muerte no era muy clara médicamente.

Pero desgraciadamente por una mayor consideración y reconocimiento de estos casos, se interpusieron las teorías del raquitismo prevaleciente en esa época, como la supuesta causa de los hallazgos encontrados.

No obstante en 1874, uno de tantos casos sobre el abuso a los niños, en esta ocasión el de Mary Ellen, fue el que vino a sacudir y hacer reflexionar a la humanidad al respecto.

Y gracias al cual, se dio origen un año después en 1875, a la creación de la primera Sociedad para la prevención de la crueldad en los niños, el "Save the Children Fund", por Eglontine Gebb, quien redactará los Derechos del Niño en Ginebra; (al igual que esta sociedad se crearon otras similares en otros países), ya que sólo existían institutos y leyes protectoras de animales, mas no de niños. Después, hasta el año de 1959 la Organización de las Naciones Unidas, formuló y modificó esta

DRA. MARÍA ESTHER BARRADAS ALARCÓN

declaración de Gebb, denominándola el "Decálogo de los derechos del Niño.[11]

A pesar de todo esto, tuvo que transcurrir mucho tiempo, aunque en 1874 el maltrato a los niños ya era reconocido en algunos países como problema, para que realmente se le diera un poco más de consideración, fue entonces, que en el año de 1946 cuando John Caffey, Pediatra y Radiólogo le llamó la atención las lesiones infringidas, que algunos niños presentaban y que eran radiológicamente detectables, al ser el primero en informar la frecuencia del hematoma subdural en infantes que también mostraban fracturas de hueso largo, combinación de heridas que no eran probablemente resultado de accidentes.

Estos hallazgos de Caffey dieron pié a que otros reportes de la Literatura Médica se refirieran a este problema con otros encabezados como: "Traumas irreconocidos", "Traumatización del Niño", "Trauma inducido por los padres", "Trauma insospechado", etc. Desafortunadamente ninguno de estos encabezados describen verdaderamente el cuadro de esta condición que a menudo amenaza la vida. Un término más preciso y descriptivo: <u>SÍNDROME DEL NIÑO MALTRATADO</u>, fue dado en noviembre de 1961 por el Dr. Henry Kempe y algunos colegas; cuando organizó un Simposium Interdisciplinario en la Reunión Anual de la Academia Americana de Pediatría, presentando los puntos de vista pediátricos, psiquiátricos, radiológico y legal, así como las primeras cifras de incidencia correspondientes a los Estados Unidos, respecto a dicho Síndrome.

---

[11]   Eglatine Gebb, en "Declaración de Ginebra", citada por Solá Mendoza Juan en Puericultura de Enseñanza Normal. Edit. Trillas, México, 1980. P.P. 79-89.

A partir de entonces muchos otros países conscientes de la magnitud del problema, han estado trabajando con mucha dedicación hacia los posibles factores que lo determinan y las posibles alternativas de solución que se le pueden dar. Así tenemos que entre las principales investigaciones y representantes en los E.U.A. a de D.H. Atmen y R.L. Smith (1960), L.L. Guin K.W. Levin y H.G. Peterson (1961), V.L. Fontana (1964), J.L. Luke, M.M. Lyons y L.F. Devlin (1967); en Inglaterra los D.L. Griffiths y F.J. Moymhan (1963). D.C. Fairburn y A.C. Hunt (1964), K. Simpson (1965), y L.M. Cameu, H.R.M. Lohanson y M. Lormy (1967). En Francia los de Nerman (1965), P. Maratevux, C. Fessard, L.L. Avon y M. Lormy (1967); en Dinamarca H. Gormeses y L. Vesterdal (1968); en Suiza F. Bamatter (1969), B. Haldimann (1970), E. Gautver, (1969); en Alemania U. Kottger (1967), K. See Leman (1971), U. Kottger, I. Greinacher y S. Hoffman (1968), R. Noack y U. Wichev (1969), L. Paul (1967) y B.L. Chervy y A.M. (1971); en Irlanda del Norte N. Lukianwiuz (1969); en Australia R.G. Birrell y L.H. Birrel (1968), y K.A. Callaghan y B.L. Fotheringlam (1970); en Bélgica L. Verbeeck (1971); en África del Sur L.R.B. Currie (1970), en Ugande N.O. Bwibo (1971), y en Colombia L. Camacho (1970).

En México no se han hecho investigaciones serias, aunque existe la inquietud, entidades privadas y públicas han efectuado, conferencias, mesas redondas y otras actividades análogas al tema. Llegándose a crear el 20 de enero de 1982, un Centro PREMAN, Prevención del Maltrato a la Niñez, que desafortunadamente por intereses políticos, dos meses más tarde se desintegró.

El DIF Estatal en 1993 contó con un centro de Atención al Menor Maltratado, C.A.M.M. – DIF, integrado por un equipo interdisciplinario.

Pero ¿Qué se entiende por Síndrome del Niño Maltratado?

De acuerdo a la definición original creada por el Dr. Kempe, en 1962 lo designa como: "El uso de la fuerza física en forma intencional, no accidental dirigido a herir, lesionar, o destruir a un niño, ejercido por parte de su padre o de otra persona responsable del cuidado del menor".[12]

Analizando esta definición, se puede observar que el Dr. Kempe no toma en cuenta el daño psicológico originado por estas lesiones y malos tratos, así como tampoco considera el factor social determinante. A reserva de si tenga otra definición más actualizada.

Similares a esta definición, se encuentran la de Silverman, Steele, Droegemueller y Silver, 1962, quienes lo plantean exclusivamente desde una perspectiva médica sin considerar múltiples factores que lo conforman, como los señalados en la definición anterior.

En México el profesor Antoni Ruiz Taviel propone definirlo como: "el conjunto de lesiones orgánicas y/o lesiones psíquicas que se presentan en un menor de edad por acción directa, no accidental, de un mayor de edad en uso y abuso de su condición de superioridad física, psíquica y social"[13]

Aunque el maltrato infantil supone la existencia de un niño golpeado, la conexión de causa y efecto no se conoce perfectamente. Un modo de consideración es el estudio de los síntomas que presenta el niño. Otro

---

[12]   Kempe C.H.- Citado por Marcovich Jaime en: "El Maltrato a los Hijos" la edición; México, 1979, P.P. 59.

[13]   Ruiz Taviel A.- "El Análisis y Comentario al trabajo del Dr. Marcovich" citado por Marcovich Jaime en "El maltrato …. Loc. Cit., P.P. 62.

consiste en tener en cuenta las acciones de los adultos que lo tienen a su cargo, (padres, familiares, amigos o tutores).

Generalmente se utilizan cuatro categorías para clasificar su comportamiento según señala Kempe (1979): Violencia física, Abandono físico, abandono emocional y Maltrato emocional.

La violencia física, implica la existencia de actos físicamente nocivos contra el niño; queda definido habitualmente por cualquier lesión infligida (hematomas, quemaduras, lesiones en la cabeza, fracturas, daños abdominales o envenenamiento) así como el abuso sexual, incesto violación, etc.

Las lesiones requieren atención médica, (ya las reciba o no el niño).

El abandono físico implica el error del progenitor en cuanto a actuar debidamente para salvaguardar la salud, seguridad y bienestar del niño. Puede incluir el abandono alimenticio, la falta de cuidados médicos, o bien la ausencia de una suficiente protección del niño contra riesgos físicos y sociales.

El abandono emocional coincide casi siempre con los maltratos físicos, pero también puede darse en casos en que los cuidados físicos son buenos, ocasionando entonces mismo daño a la personalidad en vías de desarrollo, por ejemplo: cuando al pequeño se le deja amarrado a la pata de una mesa, o se le encierra en un cuarto obscuro infundiéndole pánico, etc.

Los medios utilizados para agredir son de muy diversas clases, dependiendo de las costumbres y educación del agresor. Por ejemplo, los golpes pueden ser dados con cualquier objeto a la mano, cuerdas, bastones, reatas mojadas, varas de árboles, cucharones de palo, tablas de madera, etc., también se han encontrado mordeduras. Parece ser inagotable la fantasía para imaginar crueldades con el objeto de proporcionar dolores al niño atormentado.

Algunos estudios como los de Fontana, Márcovich, (1979), señalan que los sientan sobre estufas encendidas, los vierten en agua caliente, les obligan a sostener cerillos encendidos hasta que se queman, o les ponen sobre la piel, los cigarrillos encendidos, los hierros calientes, tenazas, cucharas brazas, les obligan a mantener durante horas objetos pesados, o arrodillarse en suelos muy duros, les cuelgan de los brazos, les sumergen en agua helada hasta la muerte o hasta el agotamiento, los hacen yacer sobre las heces o la orina o bien permanecer ligeramente vestidos en habitaciones frías hasta la muerte por enfriamiento o la presentación de neumonía, los han intoxicado con barbitúricos o yerbas, aparte la gran variedad de maltratos sexuales, entre ellos, el incesto y la violación.

En otros medios agresivos inclinados preferentemente al aspecto emocional, como ya antes se dijo, están aquellos que no causan consecuencias físicas pero que dejan huellas destructivas a nivel psicológico muy profundas. Por ejemplo, la privación afectivo-emocional, la amenaza de uno o ambos padres con dejar de querer o abandonar al niño, esta amenaza suele emplearse todos los días y la angustia que genera no pasa tan rápidamente como el dolor físico. Entre otros está el abandono del lactante en su lecho, o algo frecuente: encerrar al niño en cuartos o baños obscuros infundiéndoles pánico angustioso, etc.

Estas series de agresiones tanto físicas como psicológicas, traen consigo graves consecuencias que afectan la integridad biopsicosocial del pequeño.

A nivel físico, Becker en "El maltrato a los Hijos", menciona lesiones en las partes blandas así por ejemplo como hematomas subcutáneos extensos, huellas de ligaduras, heridas contundentes, cicatrices de mordeduras, señales de estrangulación, restos de quemaduras, hipodesarrollo, anemia, fragilidad patológica de los huesos, desgarres de los órganos internos como consecuencia de puñetazos o patadas en el vientre o en el tórax. Como causa de muerte podrían estar los hematomas subdural o hemorragias de otro tipo intracraneales, las cuales van unidas a vómitos, convulsiones y alteración de la conciencia, las que obligan a los padres a consultar al médico, causadas por palizas violentas inadecuadas. A un nivel sexual, pueden mencionarse, desgarres vaginales, anales, enfermedades venéreas, violación, etc.

Y a un nivel emocional tomando como referencia que la base de la personalidad del ser humano se encuentra establecida en los primeros cinco años de vida como entre otros, señala Santiago Ramírez; 1. La conducta se encuentra motivada, consciente o inconscientemente. 2. Los motivos generadores de conductas son fundamentalmente infantiles y se encuentran anclados en el pasado.[14] Veremos entonces que si el niño es maltratado intensamente en esta etapa, presentará posteriormente dificultades para reconocer sus propios sentimientos y lógico para hablar de los mismos, en especial de sus inclinaciones y simpatías, su soledad, su angustia y sus gustos.

En pocos casos se permiten a sí mismos poder disfrutar y gozar, más bien se sienten poco satisfechos de sí mismos, por lo general piensan que son malos, antipáticos y estúpidos. Algunos adquieren una personalidad tímida, sumisa, asustadiza, muy sensibles a la crítica y al rechazo. Otros,

---

[14] Ramírez Santiago.- "Infancia es destino", 4ta. Ed., Edit. Siglo I. México, 1980. P.P. 13.

DRA. MARÍA ESTHER BARRADAS ALARCÓN

por esta misma carencia de amor y comprensión se manifiestan agresivos, hiperactivos, siendo casi por completo incapaces de jugar aceptablemente con otros niños, constantemente atacan a sus compañeros en forma impulsiva y destructiva sin ninguna provocación aparente.

Con todo esto se cree que su actitud posterior frente a la Sociedad (como después podremos comprobar) es de desconfianza y recelo, hostilidad y venganza, o sumisión y apatía. Esto último, o sea esta actitud del niño hacia la sociedad como consecuencia de los malos tratos, es lo que nos hace reflexionar acerca de lo que significa el castigo o el maltrato, al aparato ideológico de nuestra sociedad. Es decir, el castigo como procedimiento formativo socialmente establecido, para poder mantener de esta manera la estructura socio-económica actual.

3.3 Estadísticas internacionales y nacionales del maltrato infantil.

Todo lo anteriormente revisado, es de gran importancia debido a su constante incremento. Las estadísticas nos señalan que en el año de 1968 se encontraron en California, 4,000 casos comunicados; en 1972 fueron 40,000. Los correspondientes a Florida se elevaron desde 10 hasta 30,000 en los mismos 4 años y en Michigan, las cifras correspondientes fueron de 721 a 30,000.[15]

Fontana (1979) cita que la oficina de niños de Estados Unidos, calculó que de 50,000 a 75,000 incidentes de maltratos de niños se producen anualmente en ese país. El Dr. Vicent Di Francis de la División

---

[15]   Kempe Ruth y Kempe C. Henry: Loc cit. P.P. 30.

Infantil de la Asociación Humana Estadounidense, estima que 10,000 niños son severamente golpeados cada año, que de 50,000 a 75,000 son víctimas de abuso sexual, que 100,000 están emocionalmente descuidados y otros 100,000 se hallan físicamente, moral y educacionalmente abandonados.

Un estudio realizado en nuestro país, en 1979: "Análisis de 686 casos" por el Dr. Jaime Marcovich, extractó de notas periodísticas en un período aproximado de 14 años; y señala que un 44.8% de los niños maltratados quedaron vivos, (aunque no especifica cómo) y que el 55.2% fueron muertos; el 24.7% fueron de 8 a 12 meses de edad y el 75.3% fueron de 1 a 13 años las actividades del agresor; ocupados 8%, desocupados 51.3%, no especificados 30.7%.

La Sociedad Internacional de Prevención del Abuso y la Negligencia sobre la Infancia, considera que en México, de 40 millones del total de la población infantil, aproximadamente 12 millones (30%) de los niños son maltratados y de estos 12 millones, unos 7 millones 200mil (60%) tienen edades entre 7 a 12 años.[16]

El Lic. Carlos Heredia Jasso en Nuevo León, en 1981, estimó que en México hay por lo menos 11 millones de menores mal tratados cruelmente por sus padres, y que 40 de cada 100 niños mexicanos maltratados, mueren como consecuencia de los castigos recibidos.

La Asociación Pro-Derecho del Niño en Chihuahua, nos menciona que exclusivamente en el D.F. de cada 10 niños menores de 12 años, 4 reciben malos tratos. Hay aproximadamente 2 millones de niños

---

16 Agustín Palomares.- "Niños Maltratados Nuestras Indefensas Víctimas", Colección Testimonios, Edit. Mexicanos Unidos.- México, 1981.

DRA. MARÍA ESTHER BARRADAS ALARCÓN

abandonados en todo el país, y solo en el D.F. unos 50 mil niños duermen en las calles.[17]

La Organización internacional del Trabajo (OIT) en México, considera que la mayoría de los niños trabajan en agricultura, pequeño comercio e industrial en forma clandestina cumpliendo hasta 12hrs. de trabajo. Solo en el D.F. 400 mil niños trabajan para ayudar a sus familias[18]

En la ciudad de Veracruz, el Centro de Atención al Menor Maltratado (CAMM-DIF), señala que en lo que va de este mes de noviembre de 1984, se han referido, 36 casos de niños maltratados. En un poco más de un año de trabajo se han atendido a 526 menores.

De algunos de estos niños, se encontraron las siguientes variables:

En cuanto al sexo, fue más alto el número de niños 278, que de niñas 172.

Las edades más significantes en que se maltrataron a estos menores es entre 6 y 12 años de edad.

La mayoría de los niños fueron reportados por maltrato psicológico, 148 casos, mientras que por el maltrato físico hubo 60.

En cuanto a la persona que los maltrata sobresale la mamá, aproximadamente 105, después el papá, aproximadamente 50, otros

---

[17]   Periódico "NOVEDADES" Críticas situación atraviesa el niño en América Latina, Sept. 10/1982.

[18]   Palomares Agustín.- Niños Maltratados"... Loc, cit. P.P.

familiares 12, ambos padres 10, tutores solo 1, y 13 casos que no se tuvo datos.

Las edades de estas personas que maltrataron a los niños, fluctúan entre 21 y 50 años de edad.

De 21 años a 30 años se encontraron 73 casos.

De 31 años a 40 años se encontraron 67 casos.

De 41 años a 50 años se encontraron 21 casos.

De 51 años a 60 años se encontraron 15 casos.

De 61 años a 70 años se encontró un caso.

La mayor parte fueron auto denuncias, unos 281 casos, del sector educativo se recibieron 70 casos; de particulares 53 casos; denuncias anónimas fueron 16 casos; de la Procuraduría de la Defensa del Menor y la Familia, se recibieron 8 casos; por teléfono 7 casos y por el sector salud, solo 3 casos.

El maltrato infantil ha sido escondido médica, social y estadísticamente, según describe Fontana (1979).

a) No existe una ley protectora del menor maltratado.
b) Derecho absoluto del padre sobre la manera de educar a su hijo.
c) Los padres inventan historias, algunas veces creíbles.
d) Los niños generalmente son muy pequeños o tiene tanto miedo que no descubren sus derechos reales.

e) Temores del médico a involucrarse en problemas judiciales.

f) No tiempo del médico, por tener que cubrir cierto número de consultas diarias.

g) El médico se involucra emocionalmente con la actitud del padre.

h) No existen centros exclusivos que atiendan adecuadamente al niño.

i) Inseguridad de que existan malos tratos al menor.

j) Indiferencia e irresponsabilidad social para denunciar los casos.

k) Desconocimiento del diagnóstico del menor maltratado por falta de información.

l) Encubrimiento del médico por el deseo de proteger a su paciente de la vergüenza, basado en la poca evidencia o sospecha.

Este problema estadístico se agrava, cuando por ejemplo el abuso sexual, se interpone que la Corte insiste en reglas de evidencia demasiado estrictas que resultan en tasa baja de convicción.

Lamentablemente en pleno siglo XXI con tanto desarrollo de la tecnología, El maltrato a los niño lejos de erradicarse se ha incrementado a si tenemos que en el 2013 el Instituto Nacional de Estadística y Geografía (INEGI) señala que el 10% del total de niños de 0 a 14 años que hay en México son niños maltratados. Así mismo se han canalizado 25,700 niños por parte de Sistema Integral para la Familia (DIF) a diferentes albergues debido al maltrato, abandono, crimen organizado. Por otro lado las cifras de asesinatos en niños y niñas de 0 a 17 años registrado del 2006 al 2008 fueron 23000. El infanticidio ha estado presente en un 78% en niños y niñas menores de 3 años de edad y el 28% en menores de 1 año.

De los 33 países integrantes de la Organización para a Cooperación y el Desarrollo Económico (OCDE), lamentablemente México ocupa el 1er lugar en violencia física, abuso sexual y homicidios de menores de 14 años.

En 13 millones de familias mexicanas los niños se desarrollan en una dinámica familiar basada en la violencia, malos tratos, gritos por parte de sus papas, según resultados de la Encuesta Nacional sobre Dinámica de las familias en México (EDIFAM) del Instituto de Investigaciones Jurídicas de la Universidad Autónoma de México (UNAM). En cuanto a la pornografía infantil en México en el 2010 se identificaron 580 cuentas personales de internet en las que se exponen imágenes de abuso sexual, de explotación sexual a menores, entre los 4 a 16 años, En el 2011 se encontraron 3000 cuentas, en el 2012 se encontraron 7000 cuentas mientras que el 2013 la Procuraduría General de la Republica (PGR) afirma que se identificaron 12000 cuentas personales de internet.

Estos incrementos de explotación sexual infantil tienen que ver con las ganancias que les genera según el departamento de seguridad oscila entre los 34000 millones de dólares, de ahí que mensualmente cada 100 niños mexicanos son víctimas de redes de pederastias. En el 2010 y 2011 más del 90% de menores asesinados, fueron asesinados por uno o sus dos papas.

CAPITULO IV

ENFOQUE PSICO-SOCIAL DEL MALTRATO INFANTIL

El análisis del Maltrato a los Niños como fenómeno humano y por lo tanto social, requiere de un método donde se pueda planear en virtud de su propia teoría, el "como" de la comprensión, explicación, abordamiento y transformación de esta realidad con la que nos enfrentamos diariamente.

4.1 Enfoque Social

El materialismo Dialéctico es uno de los métodos que nos permite acercarnos de una manera adecuada a este fenómeno. Esto es, analiza el mundo desde una perspectiva científica. Comprende los procesos sociales como totalidad, históricamente constituidos en base a sus propias contradicciones que generan el constante cambio, ya sea hacia adelante gradual o revolucionariamente a saltos, o ya sea hacia atrás, retrocediendo a otros estadios para volver a empezar el proceso.

Se fundamenta básicamente en que la naturaleza orgánica, la sociedad y nosotros mismos con todo lo que nos rodea es material. Esta materia es tomada aquí como toda la realidad objetiva que existe independientemente de nuestra conciencia, expresada en un constante movimiento[19]. Siendo precisamente ésta conciencia un ejemplo de propiedad de la materia altamente organizada cuya esencia reside en reflejar la realidad objetiva y elaborar la imagen subjetiva de ésta.

La Dialéctica ve en todas las cosas, en todos los fenómenos y procesos, el desarrollo histórico, multiforme y contradictorio. Nada se mantiene quieto, estático, rígido, todo está en cambio continuo; en continuo movimiento; en desarrollo conforme a las leyes.

Este desarrollo se produce por acumulación cuantitativa, lo que ha llegado a cierto punto, da origen a un cambio de calidad y por lo tanto a una nueva situación, a una nueva esencia. Estas contradicciones vienen siendo el centro de este desarrollo, de ese cambio. En cada cosa, fenómeno o proceso hay contradicción y la existencia de las mismas hace más indispensable a unidad de la "cosa misma", ya que ninguna de esas contradicciones puede concebirse sin la otra, y aunque son contrarios, están unidos.

En todo desarrollo, independientemente de su contenido existen diferentes grados de desarrollo ligados entre sí de tal manera que el uno es la negación del otro.

Pero además, de que este desarrollo y cambio se encuentran en cada proceso, éste último es también complejo aún en los detalles más elementales. En el aparentemente más sencillo hay complejidad. En una piedra, en un átomo, dentro del cualquier cuerpo, hay movimiento y lucha, aunque dicha complejidad la no la descubramos de momento,

---

[19]   García Galló G. Jorge.- "Elementos de Filosofía Marxista". Gente Nueva. P.P. 46.

DRA. MARÍA ESTHER BARRADAS ALARCÓN

es decir, aunque no percibimos la esencia que la motiva a estar, que la construye, sino que únicamente aspectos fenomenológicos.

Es aquí, donde la dialéctica viene siendo, el pensamiento crítico que quiere comprender "la cosa misma", para lo cual destruye la aparente independencia del mundo de las relaciones sociales con los hombres mismos.

Por ejemplo, en cada tipo de sociedad varía el campo observable, el número de las funciones, el contenido de muchas de ellas y algunas de sus relaciones dinámicas. El poder al distribuirse de modo diferente entre los grupos, da origen a las diferentes clases sociales, estimulando la expansión de un sistema de símbolos y mitos que se confunden con la realidad misma y crea en los individuo el hábito reiterado de ver sólo una parte de lo que está ante los ojos e interpretarlo de acuerdo a cánones que se suponen libremente elaborados por él. Pero que le han sido impuestos por ese propio sistema ideológico que cada una de estas clases sociales tiene, ya sea por la educación o "formación" recibida en el seno familiar o en cualquier otra institución social, llámese escuela, iglesia, etc., impartida tanto a un nivel consciente como inconsciente. Esta percepción discriminatoria de ver únicamente el fenómeno y no su esencia, en la realidad social está omnipresente, sin embargo, su naturaleza y la función que cumple en el contexto de la sociedad oscilan dentro de márgenes muy amplios.

En otras palabras, la esencia de una realidad determinada, no es su forma de expresión, que viene a ser el fenómeno, sino la estructura interna, el núcleo de causas que lo determinan. Así otro ejemplo más, sería el tipo de maltrato específico de los niños proletarios generalizado a una clase social proletaria, se concluye, que puede ser más comúnmente expresado por: golpes físicos, adultez prematura en cada uno de estos niños cuando tienen que trabajar para ayudar al gasto familiar; desnutrición, ideología proletaria de considerarse menos que los demás, donde aparece la personalidad sumisa, insegura, etc., (esto es, sin afirmar terminantemente que toda clase proletaria maltrate siempre de esta manera a sus niños). Esta es pues, su expresión, pero su esencia tiene un fondo más profundo, atrás de esas manifestaciones. Ya que estas mismas expresiones pueden ocurrir, de todo el país de México, en muchos otros países, sean estos desarrollados o subdesarrollados, siempre que tengan un sistema capitalista.

Luego entonces, la esencia de ello pueden ser las relaciones de producción, las que vienen a determinar y explicar cada una de esas expresiones de maltrato específicos de una clase social proletaria.

A este mundo de las representaciones comunes, que son producto de la práctica fetichizada y la ideologización del pensamiento del hombre, es el mundo de pseudoconcreción al que Karel Kosik se refiere en su obra "La Dialéctica de lo Concreto". Este mismo autor, señala que el objeto de la ciencia es determinar los aspectos dialécticos de las cosas; lo esencial y lo secundario, sin llegar jamás a manejarlos separados unos de otros, como se presentan en el positivismo, pues éste maneja sólo lo exterior, lo fenoménico, (donde a nivel particular, no por el autor, colocaría al conductismo). Y en la Filosofía Idealista que espera encontrar la esencia de las cosas, desechando lo inmediato, la praxis de la cotidiana. Vemos entonces que ambas corrientes parcializan la realidad. Sus conceptos son pues unilaterales. Mientras que los conceptos para el materialismo histórico como señala Gómez Jara en "En el Diseño de Investigación Social", vienen a ser los postulados filosóficos que comprenden los

DRA. MARÍA ESTHER BARRADAS ALARCÓN

aspectos esenciales y secundarios, delimitados cada uno, pero presentados como parte de un todo; de la unidad.

Retomando los ejemplos anteriores, se observa que como la sociedad no actúa sobre el individuo en esa función de agente determinante de su aptitud gnoseológica, como totalidad objetiva. El individuo al encontrarse inmerso en esa realidad diaria, va incrementando su necesidad de comprenderla presentándosele como problemas de diferente importancia y aspectos muy desiguales.

Sería entonces, en la medida de la práctica que este individuo tenga, como descubrirá este conocimiento de la verdad objetiva, histórica y concreta de su mundo. Del mundo que el mismo ha creado. Pero el éxito de esta práctica social depende de la objetividad de su pensamiento; de conocer y reflejar correctamente los fenómenos de la naturaleza, tanto en sus relaciones internas como externas, para poder intervenir en sus procesos de cambio de acuerdo con sus necesidades concretas. Lo cual demuestra la importante necesidad de conocer el Materialismo Dialéctico para poder llegar realmente a ello.

El hombre según Grigorian en "La Filosofía y la Esencia del Hombre" es el elemento fundamental tanto de las fuerzas productivas y de las relaciones de producción como la práctica social en su conjunto.[20]

Entendiéndose por fuerzas productivas claro está, a la fuerza que participa en el desarrollo de la producción social, es decir, medios de producción y hombres que lo ponen en movimiento y los perfeccionan

---

[20]   Grigorián B.T. "La filosofía y la Esencia del Hombre". Ariel Barcelona 1976 P.P. 57.

(mediante la actividad productiva, científica e ingenieril [21]. Y el desarrollo de estas fuerzas productivas constituye la base de la Sociedad. Esto nos muestra la importancia de estas fuerzas de producción para el conocimiento del hombre como ser social.

Ahora, cuando se mencionan las relaciones de producción se hace referencia a las relaciones en las que actúan los hombres en el proceso de producción de los bienes materiales; la forma social de la producción. Constituye un complejo sistema de los más diversos vínculos entre los hombres, comprende la relación que guardan éstas, con respecto a los medios de producción (la forma de propiedad), la situación de los distintos grupos y clases sociales en el sistema de producción. Comprende cambio y distribución de los bienes materiales, producidos los nexos entre los productores condicionados por la especialidad de su actividad productiva, pro la división del trabajo[22].

En resumen, podría decirse que lo expuesto anteriormente y esto último sobre las relaciones y medios de producción, constituye la parte importante del marco de referencia teórica de nuestro enfoque en el estudio de la desorganización social dirigido a las causas del Maltrato de los Niños.

La frase "Síndrome del Niño Maltratado" engloba en su contenido muchos términos que es necesario se definan para una mayor claridad y especificación del tema.

---

[21] Blauberg J.- "Diccionario Marxista de Filosofía". Ediciones de Cultura Popular. México 1978. P.P. 138.
[22] Blauberg J.- "Diccionario Marxista…" op. Cit. P.P. 263.

Como primer concepto a explicar, se encuentra el concepto de **síndrome**, mismo que Howar en su Diccionario de Psicología, define como el término que designa el conjunto de síntomas[23]. Esta misma definición fue encontrada en el diccionario de T.T.U.M.[24] El segundo concepto es; el NIÑO, que según el Diccionario de la Real Academia, lo define como: "Una persona que se halla en la niñez… que tiene pocos años", y el mismo diccionario expresa que la niñez es: "El período de la vida humana que se extiende desde el nacimiento hasta la adolescencia" [25] Remitiéndonos nuevamente a Howard, él refiere que el niño es Un ser que no ha llegado a la madurez (esto es aplicado a cualquier edad, hasta los 15 años, especialmente para designar a los individuos desde el nacimiento hasta la adolescencia[26]

Conforme a estos conceptos sobre el niño, vemos que ambas definiciones están haciendo alusión a lo mismo, que el niño es, una persona…. que se encuentra en el periodo de la vida humana comprendido entre el nacimiento y principios de la adolescencia, (es ésta la definición que podríamos sacar en conclusión).

Y por último como tercer concepto se encuentra el **maltrato**, al que se le ha definido como: "El tratar mal o hacer daño"[27], para fines de este libro se considera como La acción y/u omisión de manera intencional, dirigido a causar daño a otra persona, ya sea física o psicológica con todas sus

---

[23]   Warren C.Howard.- "Diccionario de Psicología": Fondo de Cultura Económica, México, 1978. P.P. 355.

[24]   Garnier M., Delamare V. Y Pi d y Arsuaga.- "Diccionario de los términos técnicos usados en Medicina" Bailly Billiere S.A. Madrid España. 1933 P.P. 816.

[25]   Varios Autores.- Diccionario de la Lengua Española" Edit. España – Calpe, Madrid, España. 1970. P.P. 30.

[26]   Warren C. Howard.- "Diccionario de Psicología"… op. At. P.P. 243.

[27]   García Pelayo Ramón y Cros.- "Pequeño Larousse Ilustrado" Larousse, México, 1981. P.P. 650

implicaciones. Lo hemos definido de esta manera debido a que especifica las formas de tratar mal a otro y el tipo de daño que puede causar, este tratar mal.

Ya en total, estos tres términos dan la frase de la que se parte Síndrome del Niño Maltratado (aclarando que se escoge la siguiente definición, por ser la más próxima a su significado).

El profesor Antonio Ruiz Taviel de Andrade, lo define como el conjunto de lesiones orgánicas y/o lesiones psíquicas que se presentan en un menor de edad por acción directa, no accidental, de un menor de edad en uso y abuso de su condición de superioridad física, psíquica y social. Se ve entonces, que esta definición se enfoca primordialmente a la sintomatología (Síndrome), al expresar conjunto de lesiones orgánicas y/o lesiones psíquicas y no se dirige al sujeto de estudio, que en este caso es el niño, el que está siendo objeto de ese maltrato. Ahora bien, cuando se menciona que el agresor se aprovecha de su condición de superioridad psíquica y social, al referirse a su condición de superioridad psíquica, ésta, no siempre se presentará, ya que se ha encontrado en algunos casos que el agresor es retrasado mental, y para finalizar, consideramos que la definición está un poco limitada por no tomar en cuenta ciertos rasgos que son esenciales en ella, como por ejemplo, el maltrato social, etc. Estos aspectos en cambio, nos parecen que son debidamente registrados en la siguiente definición que proponemos, y que se basa en las definiciones antes expuestas.

Para empezar se excluye el término Síndrome, por el significado que tiene, por lo tanto se especifica únicamente lo que se entiende por niño maltratado persona que se encuentra en el periodo de la vida humana comprendido entre el nacimiento y principios de la adolescencia, quien ha sido objeto de acciones y/u omisiones de manera directa e internacional, produciéndole lesiones psíquicas y/o físicas y a veces hasta llegar a la muerte causados por un mayor de edad o la sociedad en general.[28]

Es necesario señalar aquí, que el maltrato puede ser presentado también como omisiones, cuando se omiten sus alimentos como castigo o sus medicamentos. Y cuando se menciona, que este maltrato puede ser presentado por la sociedad en general, está haciendo alusión a que por la existencia de las diferentes clases sociales, muchos niños no gozan de los privilegios, que otros niños de clases diferentes tienen, por ejemplo el ser bien aceptados, ni aun en el cumplimiento de sus necesidades básicas, como sería la alimentación, salud, etc., esto lo podemos observar en los niños que viven en zonas proletarias donde la miseria con sus respectivas características es la que impera ahí.

Es necesario aclarar que esto no excluye de ninguna manera el maltrato que pueda presentarse en una clase burguesa, orientado primordialmente a un nivel afectivo, siendo menor a un nivel físico como la anterior clase, por ejemplo el típico padre ejecutivo quien pasa la mayor parte del tiempo en su oficina y en viajes de negocios, por lo que no puede brindarle la atención necesaria a sus hijos.

Ya para terminar, existen otros conceptos que son necesarios que se definan por la importancia que juegan dentro del estudio. Y a los que no podemos entrar en polémicas con otros puntos de vista, ya que no tenemos espacio en esta ocasión; de tal modo nos limitaremos por

---

[28] Barradas A. (1985) El maltrato a los Niños; una Perspectiva Social y Psicológica. Tesis Profesional para obtener el Título de Licenciado en psicología Facultad de Psicología Universidad Veracruzana

el momento a exponer los criterios más próximos a nuestro enfoque o nuestros propios criterios. Tenemos entre ellos a la **agresividad**, misma que puede tener una relación estrecha y directa con lo que antes mencionamos como maltrato. Y misma que es muy difícil de definir, debido a las diversas connotaciones y significados que ésta tiene.

Por lo tanto, parto de una de las tesis expuestas por Ashley Montagu en su obra; "La Naturaleza de la Agresividad Humana"[29]. La que se basa principalmente en que la conducta es más bien aprendida y determinada por el medio ambiente, cultural, social, genéticamente heredada o innata. Sin negar por supuesto la contribución genética en casi toda forma de conducta. Lo que se niega es que la conducta específica está determinada genéticamente. La potencialidad es genética en origen.

Es decir, la herencia sólo suministra la potencialidad; y su resultado específico está determinado por las décadas de experiencias cotidianas. Por ejemplo, bajo condiciones semejantes, un padre puede golpear y hasta llegas a matar a su hijo, otro lo socorre y otro más se mostrará indiferente. Aquí la explicación ni se encuentra en los supuestos instintos humanos que tenderá a empujar a todos estos padres siempre en una misma dirección; sino que depende principalmente de la experiencias de sus vidas enteras, que varían ampliamente de una persona a otra; así como también, qué tan angustiante o estresante es el medio en el que estás viviendo.

Y además, algo muy importante, del grado de conciencia que éstos tengan como seres sociales, como partícipes de determinada clase social.

---

[29]   Ashley Montagu.- "La naturaleza de la Agresividad Humana".

DRA. MARÍA ESTHER BARRADAS ALARCÓN

Desde esta perspectiva conjuntamente con el marco teórico es como se enfocará la conducta agresiva hacia los niños.

4.2 Enfoque Psicológico

Por otro lado ubicaremos este maltrato a los niños en el medio donde se desarrolla, que sería la familia, y ésta, dentro de las clase sociales. Para ello nos remitiremos nuevamente a Blauber, el cual plantea en su "Diccionario Marxista de Filosofía" que la Familia es: Un grupo de personas unidas por lazos de parentesco, (matrimonial, sanguíneos, etc.)…, y que constituye la célula de la sociedad. Sus funciones sociales consisten en la reproducción, es decir, en la prolongación del género humano, la educación de los niños, la organización de la existencia y el tiempo libre de sus miembros[30]

Este mismo autor nos cita a Lenin, quien nos expone que las clases sociales son Los grandes grupos de hombres q se diferencian entre sí por el lugar que ocupan en un sistema de producción social históricamente determinado, por las relaciones en que se encuentra con respecto a los medios de producción (relaciones que en gran parte quedan establecidas y formuladas por leyes), por el papel que desempeñan en la organización social del trabajo y, consiguientemente, por el modo y la proporción en que perciben la parte de la riqueza social de que disponen. Las clases sociales son grupos humanos, uno de los cuales puede apropiarse el trabajo del otro, por ocupar puestos diferentes en un régimen determinado de economía social.

---

[30]   Blauberg J.- "Diccionario Marxista…" op. cit. P.P. 111.

Dentro de las clases sociales a las cuales hace referencia este planteamiento se tienen aquellas que poseen los medios de producción, como el grupo que constituye la clase de los exportadores (esclavistas, terratenientes, capitalistas), y aquellas otras que no poseen esos medios de producción, la clase de los explotados (esclavos, campesinos, proletarios).

EDUCANDO A PAPÁ Y/O MAMÁ CON EL PROGRAMA PADRES EFICACES CON ENTRENAMIENTO SISTEMÁTICO (P.E.C.E.S.)

María Esther Barradas Alarcón
Josué Martín Sánchez Barradas

Después de dar una visión general del síndrome del niño maltratado, es necesario reflexionar, lo determinante que es educarse para ejercer el rol de ser papá y/o mamá.

El programa Padres Eficaces con Entrenamiento Sistemático (P.E.C.E.S.) es un curso que tiene por objetivo capacitar a los padres para ejercer de manera eficaz su rol de padres.

Como su origen ha sido Estados Unidos podría pensarse que P.E.C.E.S. es un enfoque americanizado, por ser autores norteamericanos los que escriben dicho curso y que no se adaptaría a nuestras familias mexicanas, sin embargo, como lo analizamos en el capitulo posterior lo que es P.E.C.E.S. y lo que nos brinda, podemos inferir que sus principios son universales, así como lo es la familia como valor institucional dentro de cualquier sociedad.

Naturalmente, se tiene que considerar que en México los preceptos del curso P.E.C.E.S., básicamente basados en una filosofía de pertenencia democrática, van a apoyar a la célula básica de dicha sociedad es decir la familia, para que esta a su vez sea formadora de individuos con una capacidad de libertad de acción, de decisión y responsabilidad, que contribuyan a lograr una sociedad y patria mejor.

Desafortunadamente, el desarrollo histórico de esta sociedad mexicana y en sí, de las familias mexicanas, se ha creado a través de un rígido autoritarismo y por ende, una falta de respeto mutuo que da por resultado el típico autocratismo de nuestra sociedad contemporánea.

Cuando la sociedad cambia y los padres de las nuevas generaciones se revelan ante este hecho, la educación se dispara al otro extremo, volviéndose nuestros sistemas de tipo anárquico, nuevamente con una falta de respeto mutuo, que a final de cuentas, por no tener límites claros de acción, traen consigo problemas en la formación de la personalidad de los hijos y que en el futuro repercuten en las etapas de adolescencia, vida adulta y la vejez, provocando conflictos familiares difíciles de solucionar.

Actualmente, P.E.C.E.S., brinda una alternativa de educación y entrenamiento en el rol de ser padres con el fin de crear núcleos familiares basados en una democracia que se sustente en la igualdad de derechos, no exactitud; estableciendo una disciplina con preceptos tales como el respeto mutuo, la cooperación y el interés social.

DRA. MARÍA ESTHER BARRADAS ALARCÓN

5.1 Antecedentes y objetivos Del Programa P.E.C.E.S. autor: DON Dinkmeyer Y Sary C. Mckay.

Hoy en día, los padres de familia viven en una era en la que la estructura familiar se basa cada vez más en la igualdad social. Los métodos tradicionales de crianza para los hijos ya no son tan eficaces como lo fueron para los padres de familia de hace una generación. Esta es la razón por la cual un creciente número de padres recurren al programa P.E.C.E.S., (Padres Eficaces con Entrenamiento Sistemático). El programa P.E.C.E.S. les ofrece a los padres de familia un enfoque práctico y realista para enfrentarse a los desafíos que presenta la crianza de los hijos. Les ayuda a aprender formas eficaces y agradables de relacionarse con sus hijos. Los padres son amables, pero firmes. Les proporcionan a los niños oportunidades para tomar decisiones – dentro de ciertos límites – y para hacerse responsables de las mismas. Les proporcionan a los hijos estímulos y alicientes libremente. Muestran confianza en la capacidad de sus hijos de manejar tareas difíciles sin una supervisión intrusa de parte de sus padres y les ayudan a sus hijos a desarrollar la fortaleza que se necesita para aceptar sus propias imperfecciones en una sociedad que espera mucho más allá de sus miembros de lo que estos pueden dar de sí. Se les ayuda a los participantes del programa P.E.C.E.S. a llevar a cabo la meta que más desean obtener los padres: criar a niños responsables quienes a su vez se convertirán en hombres y mujeres responsables, capaces de vivir vidas plenas y felices como adultos.

El curso P.E.C.E.S., como su nombre lo indica, es una orientación y entrenamiento hacia los padres para que éstos sean más eficaces en su función paternal.

El curso brinda pautas sobre la adecuada relación con los hijos, basada en una comunicación efectiva, donde los padres realmente sepan observar y dirigir el comportamiento de sus pequeños. Se enseñan principios importantes en los cuales se pueda apoyar la autoridad y disciplina familiar.

5.2.1 Objetivos del programa P.E.C.E.S.

- Ayudar a los padres a cambiar los métodos tradicionales de crianza de los hijos.
- Capacitarlos para afrontar con éxito los cambios sociales que influyen en la educación.
- Darles alternativas prácticas para solucionar los problemas que actualmente presenta la educación de los hijos.

5.2.2 Antecedentes del Programa P.E.C.E.S.

P.E.C.E.S. surge a raíz de la publicación del libro "Crianza para la responsabilidad" (Raising a Responsable Child, Dr. Don Dinkmayer y Dr. Gary D. Mckay).

En un breve período de 4 años se ha visto como este programa ha sido aceptado a todo lo largo y lo ancho de Estados Unidos, Canadá y Australia.

Asimismo, ha habido un gran interés por el Programa en varios países del mundo tales como Alemania y Japón.

En 1979, el Dr. Dinkmeyer viajó a Venezuela para observar el trabajo realizado con DUBO (Desarrollo de la Comprensión de sí mismo y de los demás) y con el programa P.E.C.E.S. por invitación de la Dra.

Clara de Barranco, dictó varias conferencias a psicólogos, educadores, trabajadores sociales y padres de familia. La Dra. Barranco demostró ser una persona entusiasta, inteligente y sensible ante el potencial de P.E.C.E.S., para Venezuela y para todos los países de habla hispana. El programa, en la actualidad, funciona en Venezuela a nivel nacional, a través del Depto. de Educación. En México, la persona autorizada para difundir el programa es la Dra. Carmen Vázquez de Echeveste, quien en primer lugar ha formado un grupo de guías de P.E.C.E.S. las que a través de presentaciones del mismo en escuelas, asociaciones de padres y/o colonos, lo están haciendo llegar a los padres interesados, de la manera más accesible.

Teniendo claro los objetivos y antecedentes del curso P.E.C.E.S. ahora pasaremos al análisis del contenido de cada uno de los capítulos que se encuentran en el libro de los padres el cual sirve como texto básico al mismo.

5.2 Síntesis del contenido del Programa P.E.C.E.S.

Primero comenzaremos por la descripción del texto.

Su contenido está organizado en 115 páginas, divididas en introducción y nueve capítulos.

Cada capítulo contiene los siguientes aspectos:

- Título del capítulo (tema general).
- Subtítulos (temas particulares y específicos).
- Sesión de preguntas que oscilan entre 0 y 18 según los temas tratados.

- Exposición de un problema en particular.
- Actividad de la semana.
- Cuadro de apoyo sobre la teoría básica.
- Cuadro de puntos a recordar como síntesis de conceptos básicos.
- Formato "Mi plan para mejorar las relaciones con mi hijo".
- En la página 69 se expone un mensaje a los padres como apoyo al cambio. "Desarrollando el coraje de ser imperfecto".

Dentro de la introducción se les da una visión general del curso y de los objetivos que persigue el mismo.

Capítulo 1. Comprensión del comportamiento adecuado y del comportamiento inadecuado de los niños.

1. Igualdad social de padres e hijos.
2. Comprensión del comportamiento.
3. Cuatro objetivos del comportamiento inadecuado.
    3.1 Atención.
    3.2 Poder.
    3.3 Revancha.
    3.4 Demostración de insuficiencia.
4. Los cuatro elementos básicos para construir relaciones positivas.
    4.1 Respeto mutuo.
    4.2 Dedicación de tiempo para diversiones.
    4.3 Estimulación.
    4.4 Demostración de amor.

En este capítulo se da una alternativa de educación a los padres como lo es el de formar una familia democrática basada en principios de cooperación y respeto mutuo y así poder hacer a sus miembros responsables de su comportamiento y decisiones.

Se hace énfasis en que debe existir una igualdad de derechos, sin llegar a la exactitud de los mismos, se habla de igualdad en cuanto al derecho de ser respetados sólo por el simple hecho de "ser", sin diferencias de sexos ni edades.

Igualdad en cuanto a dignidad humana y derechos humanos.

Sin embargo, se cree en la actualidad de los padres como algo esencial para guiar el comportamiento de sus hijos, sin caer en la autocracia o en la anarquía de muchos padres de hoy en día.

Se enseña a comprender a los padres el comportamiento inadecuado de los hijos a través de la observación y conocimiento del objetivo que persigue el niño con su conducta, esto quiere decir, ¿no por qué? ¿Si no para qué?, le sirve al niño comportarse de alguna manera, ¿qué quiere lograr?, concluyendo, el niño tiene cuatro objetivos básicos para su comportamiento: atención, poder, revancha y demostración de insuficiencia; todos y cada uno de los objetivos mencionados, ayudan al pequeño a sentir que pertenece al grupo, en este caso a su familia.

Adler menciona:

En el fondo de toda mente existe la idea de un objetivo o ideal que hay que conseguir más allá del estado presente, y que hay que superar las deficiencias y dificultades presentes, anhelando una meta concreta para el futuro. Por medio de esta meta concreta, o de este objetivo, el individuo puede creerse o sentirse superior a las dificultades del presente, porque en su mente abriga la seguridad del triunfo para el porvenir. Sin el sentido de un objetivo que conseguir, la actividad individual dejaría de tener significado.[31]

Para lograr disminuir los comportamientos inadecuados es necesario conocer el sentimiento y la reacción de los padres ante éstos y así poder tener la capacidad de ignorar o retirarse de las luchas de poder para no llegar a una situación donde ser puedan herir los sentimientos, tanto del padre como del hijo y sobre todo, utilizar el proceso de estimulación, en caso en que el pequeño caiga en una demostración de insuficiencia.

Sin embargo, el niño no solo se comporta inadecuadamente, también tiene objetivos para comportarse adecuadamente como lo son: conseguir atención, sentir pertenencia, dar contribución, tener poder, lograr autonomía, adquirir responsabilidad por su comportamiento, lograr justicia y honradez, tratar de retirarse del conflicto, rehusando pelear y aceptando opiniones ajenas.

Parafraseando a Adler diremos:

Un significado particular no es en absoluto un significado. El significado es sólo posible en la comunicación.

El hombre que se enfrenta con éxito con los problemas de la vida, actúa como si se reconociera total y espontáneamente que el significado de la vida consiste en el interés por los demás y en la cooperación.

---

[31] Adler, Alfred "El sentido de la vida", pág. 3.

DRA. MARÍA ESTHER BARRADAS ALARCÓN

Para enriquecer dichos comportamientos adecuados y fomentar las relaciones positivas entre padres e hijos, existen cuatro elementos básicos, estos son: respeto mutuo, dedicación de tiempo para diversiones, estimulación y demostración de amor.

Capítulo 2.- Mayor comprensión acerca de su hijo y acerca de usted mismo como padre.

1. Las emociones.
2. El estilo de vida
   2.1 La atmósfera familiar y sus valores.
   2.2 El papel del sexo.
   2.3 La constelación familiar.
   2.4 Métodos de educación.

3. El "buen" padre.

Este capítulo esencialmente enseña a conocer y manejar las emociones. Podemos entender que los pequeños utilizan sus emociones para lograr el objetivo que se proponen. Este capítulo es de suma importancia porque muestra como,

> Nuestras emociones también se basan en nuestras creencias y en nuestros propósitos, sentimos como creemos como pensamos. Los padres, a menudo se molestan y se enojan con sus hijos porque los niños no quieren hacer lo que los padres quieren que hagan. Estos sentimientos hostiles de molestias y de enojo tienen por objetivo controlar a los niños.[32]

---

[32] Dinkmeyer y Mckay "P.E.C.E.S.", pág. 21.

En conclusión, se llega a la comprensión de que los pequeños y muchas veces uno mismo, utiliza las emociones para manipular las situaciones, es entonces cuando los padres pueden romper con el círculo vicioso y aprender a que cada quién se responsabilice por sus propios sentimientos.

El conocer que cada uno de nosotros tiene su propio estilo de vida, ayuda a establecer un respeto por lo que creemos y pensamos, esto es, cada quién vivió y creció dentro de una atmósfera familiar con sus propios valores, normas, reglas y principios, estos son dados a través de los roles sexuales que se juegan dentro de las familias, como se ve a la mujer y al hombre dentro del núcleo, además de tomar en cuenta cual es la posición de cada uno de los integrantes dentro de la constelación familiar, o sea, el lugar que ocupa dentro de la estructura familiar, todo esto lleva a que los padres tengan y adopten métodos de educación adecuados a su estilo de vida que muchas veces no se adaptan a la realidad social que está viviendo actualmente, pero que sin embargo, se debe respetar.

Al finalizar el capítulo, se da la visión de lo que es un "buen" padre, definiéndolo de la siguiente manera:

"Buenos" padres son aquellos que están tan dedicados a sus hijos, que creen que deben hacerlo todo por ellos. Los "buenos" padres pueden volverse sirvientes de sus hijos. Se aseguran que se despierten a tiempo, se vistan bien, los están aconsejando constantemente. (Dinkmeyer y Mckay)

Naturalmente, comprendemos que este tipo de padre es todo aquel que vive en esta sociedad, ya que esta misma es la que impulsa a serlo sin conocer realmente que esto se convierte en un gran impedimento para una adecuada educación de los hijos.

DRA. MARÍA ESTHER BARRADAS ALARCÓN

En contraposición a los "buenos" padres, los padres "responsables", se preocupan más por construir los sentimientos de responsabilidad y de autoconfianza en sus hijos que en proteger su propia imagen ante la comunidad. Los padres "responsables", les dan a sus hijos alternativas, dejan que ellos decidan y que luego experimenten los resultados de sus decisiones. (Dinkmeyer y Mckay Idem)

Capítulo 3.- Estimulación: construcción de la confianza en si mismo y de los sentimientos de autoestima en su hijo.

1. Actitudes negativas.
   1.1 Expectativas negativas.
   1.2 Objetivos desproporcionados por ser demasiado altos.
   1.3 Incitación a la competencia entre hermanos.
   1.4 Demasiada ambición.
   1.5 Comportamiento inconsistente.

2. Actitudes positivas.
   2.1 Aceptar a sus hijos tal y como ellos son, no como pudieran ser.
   2.2 Ignorar los chismes.
   2.3 Sea positivo.
   2.4 Tenga fe en sus hijos, para que ellos la tengan en sí mismos.
   2.5 Resalte las contribuciones, habilidades y puntos fuertes.
   2.6 Reconozca el esfuerzo y el progreso, tanto como el resultado final.
   2.7 Estimule en vez de elogiar.

3. El lenguaje especial de la autoestimación.

Este capítulo es sumamente importante, pues en realidad como padres no nos enseñan a estimular, si no a elogiar a los niños, sin saber realmente el daño que podemos causar en la formación de la autoestima de los pequeños.

Tenemos ciertos ideales dentro de la educación de los niños pero nuestras actitudes logran todo lo contrario, como por ejemplo: creemos que el niño debe ser responsable e independiente. Sin embargo, lo obligamos a hacer lo que tiene que hacer y en ocasiones hasta realizamos el trabajo del niño. En realidad, los padres tenemos muchas actitudes negativas que impiden que los niños vayan creando una confianza de ellos mismos, el curso enseña a tener actitudes más positivas a este respecto, además de realizar una diferencia clara entre el elogio y la estimulación.

El elogio sólo se fija en el resultado final de las cosas y de las situaciones, sin importar el esfuerzo que haya puesto para la realización de las mismas. Algo muy importante de todo esto es reconocer que los pequeños deben o tienen que realizar las cosas, no solo por un control externo, si no porque realmente se le ha fomentado el valor de la contribución.

Dentro del proceso de estimulación, se debe tratar de cambiar las actitudes negativas que se tienen hacia los hijos, ya que en ocasiones se ponen objetivos desproporcionados a la edad de los niños, se les incita a una competencia negativa entre hermanos, porque los padres tienen demasiada ambición en logro de sus hijos. Además, regularmente los padres son inconsistentes en lo que piden. Todo lo anteriormente mencionado no apoya la formación de la autoconfianza positiva en los infantes, creando así, inseguridad en su personalidad.

DRA. MARÍA ESTHER BARRADAS ALARCÓN

No basta sólo en cambiar las actitudes negativas, si no también fomentar las positivas, esto daría como resultado el proceso de la estimulación.

Un primer principio es aceptar a los hijos como son y no como pudieran ser. Es necesario tenerles fe para que ellos logren tenerla en ellos mismos. Es importante resaltar y reconocer el esfuerzo, el progreso y el resultado final de las contribuciones y las habilidades de los pequeños. Rescatar los puntos fuertes y no los débiles. Ser positivos, estimulando en vez de elogiar y sobre todo, aprender a utilizar un lenguaje especial para lograrlo.

Capítulo 4.- Comunicación: como escuchar a su hijo.

1. Diferentes maneras de reaccionar cuando nuestros hijos manifiestan sus sentimientos.
2. Como volverse un oyente eficaz.
3. Escuchar reflexivamente.

Aunque todos los capítulos tratan aspectos importantes, este comienza a ser unos de los más prácticos, muestra la importancia de aceptar los sentimientos de los niños, a través de escuchar reflexivamente.

Por lo tanto, escuchar reflexivamente implica comprender lo que el niño siente, lo que quiere dar a entender y después este significado, de tal manera que el niño se sienta comprendido y aceptado. El escucha reflexivamente es como una especie de espejo para que el niño se vea asimismo con más claridad. En otras palabras, le da al niño la oportunidad de una revisión más serena sobre la situación. (Dinkmeyer y Mckay)

Es importante ampliar nuestro vocabulario para poder utilizar palabras que reflejen sentimientos, tanto de disgusto como de alegría para ayudar a los niños a que aprendan a distinguir sus propios sentimientos.

A lo largo del capítulo, se les dan a los padres indicaciones para que tomen sus precauciones al utilizar esta técnica. Se muestran cuales son las respuestas, tanto cerradas como abiertas dentro de la comunicación y cuáles son las más efectivas.

Capítulo 5.- Comunicación: como explorar alternativas y expresar a sus hijos las ideas y los sentimientos de usted.

1. Exploración de alternativas.
2. El concepto de la propiedad del problema.
3. Mensajes yo.
   3.1 Construcción de mensajes yo.

4. Comunicando a los niños que los valoramos y los respetamos.

Este capítulo es una continuación del anterior, al aprender a escuchar reflexivamente, tenemos que continuar en la búsqueda de alternativas. Todo esto tiene un procedimiento que se expondrá a continuación.

1. Escuche reflexivamente para comprender y clarificar los sentimientos del niño.
2. Explore alternativas a través del torbellino de ideas.
3. Ayúdele a escoger una solución.
4. Discuta los probables resultados de la decisión.
5. Obtenga un compromiso.
6. Planifique un tiempo de evaluación. (Dinkmeyer y Mckay)

El aprender a reconocer, ¿de quién es el problema?, ayuda a disminuir la responsabilidad que los padres se echan a cuesta de todo y por todo lo que hacen sus hijos. Además es un aspecto muy importante para saber cual técnica se tiene que utilizar en las distintas situaciones presentadas con los hijos.

Distinguir realmente el problema al principio se dificulta, puesto que estamos dentro de una sociedad que le da la responsabilidad de los actos a todo aquel que no le corresponde, como en este caso, a los padres.

Para entender un poco mejor este punto, pondremos a la definición que hace el Dr. Gordon al respecto:

1. El niño tiene un problema cuando se siente contrariado al no satisfacer una necesidad. No es problema de los padres, porque el comportamiento del niño no interfiere de ninguna manera con ellos, por lo tanto, el problema es del niño
2. El niño, al satisfacer sus propias necesidades no está contrariado y su comportamiento no está interfiriendo con los padres; por lo tanto, no existe ningún problema en la relación de ellos.
3. El niño está satisfaciendo sus necesidades, no está contrariado, pero su comportamiento es un problema para sus padres porque está interfiriendo con ellos, ahora el problema lo tienen los padres. (Dinkmeyer y Mckay Idem)

Conociendo lo anterior, entonces podemos ahora seleccionar el enfoque adecuado para actuar. Si el problema es del niño, se escucha reflexivamente, si es de padres, entonces se tendrá que usar los mensajes yo, siento estos. los que:

Expresan los sentimientos del que habla; son específicos. En un mensaje yo, los elementos no verbales, tales como el tono de voz, son cruciales. Los mensajes yo exigen una actitud de no enjuiciar. Un mensaje yo expresado con enojo, se vuelve un mensaje tú que conlleva hostilidad.

La construcción de los mensajes yo, debe tener tres elementos importantes, aunque no se dé en el mismo orden presentando en el ejemplo que sigue:

1. Describa el comportamiento que interfiere con usted: - cuando no llamas, o no regresas a casa después del colegio...
2. Establezca sus sentimientos con respecto a las consecuencias que el comportamiento produzca; -me preocupa que algo te pueda haber pasado.
3. Establezca las consecuencias: - porque no sé dónde estás.

Dentro de la comunicación, en la educación de los hijos es necesario comunicar a los niños que se les ama, buscando el momento apropiado para una conversación amistosa. Sobre todo, una comunicación adecuada es la que se puede basar en una relación de respeto mutuo.

Capítulo 6.- Consecuencias naturales y consecuencias lógias: un método de disciplina que desarrollo a la responsabilidad.

1. Principios básicos.
   1.1 Comprender los objetivos del comportamiento y las emociones del niño.
   1.2 Sea firme y cariñoso.
   1.3 No trate de ser un "buen" padre.

1.4   Sea más consistente en sus acciones.

1.5   Separe al hecho de qué lo hace.

1.6   Estimule la independencia.

1.7   Evite el sentir lástima.

1.8   Rehúse preocuparse demasiado por el "qué dirán".

1.9   Reconozca de quién es el problema.

1.10 Hable menos y actúe más.

1.11 Rehúse pelear o rendirse.

1.12 Deje que los niños compartan la responsabilidad.

2.   Pasos para aplicar las consecuencias.

2.1   Provea alternativas.

2.2   A medida que usted aplique una consecuencia, de la seguridad de que habrá una oportunidad para cambiar de decisión más tarde.

2.3   Si se repite el comportamiento inadecuado, amplíe el tiempo que deba transcurrir antes de que el niño pueda probar otra vez.

Este capítulo es uno de los más esperados, ya que una gran inquietud de los padres es, ¿qué hacer cuando el pequeño no obedece? ¿Cómo le hacen para disciplinar al niño sin gritar o sin pegar?, etc. Una de las principales opciones que da el curso, es de utilizar un nuevo enfoque en la disciplina de los hijos, el cual se basa en la aplicación de consecuencias lógicas al comportamiento del pequeño en lugar de premios y castigos.

Este método tiene muchos más aspectos positivos en cuanto que:

Hace que los niños y no sus padres, sean responsables por su comportamiento; permite a los niños tomar sus propias decisiones acerca de qué acciones son las más apropiadas; permite que los niños aprendan del orden impersonal de los eventos naturales o sociales, en vez de forzarlos a complacer los deseos de otras personas.

Podemos decir que:

Las consecuencias lógicas permiten al niño aprender de la realidad del orden social; esto es, reconocer los derechos humanos mutuos y el respeto mutuo. Para que las consecuencias sean eficaces, el niño debe verlas lógicamente relacionadas a su comportamiento inadecuado.

En otras palabras, las consecuencias deben relacionarse con el comportamiento de una manera lógica.

A continuación, se expondrán las principales diferencias entre el castigo y las consecuencias.

El castigo expresa el poder de la autoridad personal, es arbitrario o está apenas relacionado con la lógica de la situación; está personalizado e implica un juicio moral, tiene que ver con el comportamiento anterior, amenaza al "ofensor", con falta de respeto o pérdida de amor, es humillante y exige obediencia.

Las consecuencias lógicas expresan la realidad del orden social, reconocen los derechos mutuos y el respeto mutuo, se relacionan con el comportamiento inadecuado, sin implicar juicios personales o morales, tienen que ver con el comportamiento actual y futuro, permiten alternativas en una situación amistosa entre padres e hijos.

DRA. MARÍA ESTHER BARRADAS ALARCÓN

La utilización del método de consecuencias, requiere de principios básicos que se explican a través del capítulo y que se revisan a lo largo de los capítulos anteriores, un aspecto muy importante en su aplicación es tratar de separar el hecho de quién lo hace, es decir, que el niño sepa lo que queremos y que lo que realmente nos molesta es su comportamiento. Se tiene que ser firme, constante, pero cariñoso, se debe hablar menos y actuar más y sobre todo, se debe tratar de no hacer mucho caso al "que dirán" de la gente.

Los pasos a seguir son importantes, puesto que es necesario brindar alternativas de acción y de tiempo adecuado para que los niños logren una seguridad al cambio, aceptando tanto los errores y fracasos, como los éxitos en los intentos para cambiar su comportamiento inadecuado.

Por último se indica las actitudes que los padres deben tomar cuando aplican las consecuencias para que no caigan en el castigo:

1. Demuestre una actitud abierta, dé, al niño una alternativa y acepte la decisión de él.
2. Emplee un tono de voz amistoso que refleje buena voluntad.
3. Asegúrese de que la consecuencia está lógicamente relacionada con el comportamiento inadecuado.

Capítulo 7.- Aplicación del método de las consecuencias naturales y lógicas a otras situaciones.

En este capítulo se da un repaso al método de las consecuencias, reafirmando los conceptos a través de varios ejemplos en diversas situaciones específicas y de interés de los padres como lo son: Las situaciones de olvido, la hora de acostarse, el momento de escoger ropa, los hábitos de aseo, etc.

Capítulo 8.- La reunión familiar.

1. Pautas para la reunión familiar.
2. Habilidades del guía.
3. Cómo comenzar las reuniones familiares.
4. Errores más comunes en las reuniones familiares.
5. Cuando comenzar las reuniones familiares.
6. Reuniones cuando sólo un padre está interesado.
7. Familias de un solo padre.
8. Iniciación de los niños pequeños en las reuniones familiares.

La reunión familiar consiste en el encuentro, regularmente programado, de todos los miembros de la familia que quieran asistir a ella. Los puntos a tratar son: valores, deseos, aspiraciones, quejas, planes, preguntas varias y sugerencias. Es una oportunidad que tienen todos para ser escuchados sobre los distintos aspectos que surgen en el ambiente familiar.

La reunión familiar brinda la oportunidad adecuada para planificar los momentos de recreación, compartir las buenas experiencias y los sentimientos positivos entre unos y otros. La regularidad de esas reuniones promueve el desarrollo de la armonía familiar al ofrecer el tiempo adecuado para establecer normas, tomar decisiones, reconocer las cosas buenas que suceden y hacer notar las cualidades de cada unos de sus miembros.

A través del capítulo se les indica a los padres las pautas a seguir para una mejor organización de las reuniones familiares, así como las ventajas al realizar las mismas.

Resumiendo: las reuniones familiares propician oportunidades para:

a) Ser escuchados.
b) Expresar sentimientos positivos acerca de unos y otros, dándose estímulo.
c) Distribuir los quehaceres de la casa en forma justa.
d) Solucionar los conflictos surgidos y ocuparse de problemas que se repiten.
e) Expresar las preocupaciones, sentimientos y quejas.
f) Planificar la recreación familiar.

Capítulo 9.- Desarrolle la confianza en usted mismo y use su potencial.

Para finalizar el curso, se revisa el último capítulo que viene a ser un mensaje de optimismo y ánimo hacia los padres, al reconocer que no son perfectos, les desarrolla más su confianza en ellos mismos y les da más libertad para utilizar el potencial que tienen para educar a sus hijos lo más adecuadamente posible.

Es el momento de comprender que todo cambio es difícil, pero no imposible, el romper con creencias establecidas y que hasta el momento de tomar el curso se piensa son las mejores es complicado. El saber que tenemos en nuestras manos herramientas valiosas y que solo basta decidirnos para cambiar, desalienta a muchos padres por no haber podido todavía desarrollar el "Coraje de ser Imperfecto". Tocando este punto es importante retomar el cuadro que viene en la página 69 del libro de los padres P.E.C.E.S. y que exactamente está colocado casi a la mitad del curso para ayudar a los padres a comprender que no deben sentirse culpables por considerar que han cometido errores en la crianza de sus hijos cuando conocen una alternativa más en la educación de los mismos. Es el momento oportuno de comunicar a los padres que los errores pueden considerarse como ayuda para aprender y que no deben tomarse como fracasos; saber que éstos son inevitables y que en muchos de los casos, son menos importantes que lo que el individuo hace después de haberlos cometido.

Otro de los mensajes finales, está expuesto en el siguiente párrafo:

Cuando termine este programa, todavía estará luchando con uno de los principios del mismo: con el concepto de la igualdad de todos los miembros de la familia. Para muchos padres, es difícil aceptar esta idea, se resisten a ceder su posición como soberanos de su propio hogar y sin embargo, en muchos hogares sucede que los padres autoritarios abandonan su "trono" entregándoselo a sus hijos y estos se convierten en las verdades soberanos.

La igualdad a la que el programa P.E.C.E.S. insta, es en cierto sentido una declaración de los derechos, tanto de los padres, como de los hijos. El programa está diseñado para liberarlo del yugo de la servidumbre hacia sus hijos y para restituirle a usted sus derechos en la familia. En este proceso, sus hijos experimentan también sus derechos y responsabilidades.

Otro principio que este curso ha enfatizado, es que para que usted mejore como padre, debe estar dispuesto a cambiar. También debe aceptar que hay procedimientos disponibles para ayudarlo a convertirse en un padre más eficaz.

DRA. MARÍA ESTHER BARRADAS ALARCÓN

5.3 Fundamentos Teóricos del programa P.E.C.E.S.

5.3.1 Adler y la Psicología Individual

Alfred Adler, uno de los más grande maestros del moderno psicoanálisis, nace en Viena en 1870 y muere en Aberdeen en 1937, fue discípulo y colaborador de Freud. Sus concepciones, particularmente las emitidas casualidad, sexualidad y finalidad, hicieron que se fuera separando de él.

En 1912, fundada en Viena la Asociación de Psicoanálisis Libre, que, al poco tiempo, da lugar a la Escuela de Psicología Individual.

El Doctor Alfred Adler, estudia las personalidades individuales de los hombres y, por lo tanto, su obra es llama Psicología Individual. Por su experiencia como médico, une la idea del inconsciente en la realidad biológica.

Es la conciencia orgánica de una necesidad, de alguna inferioridad específica, que ha de ser compensada.[33]

Lo que Adler propone, no es un estudio universal de psicología, si no la reforma práctica de la sociedad y de la cultura, en conformidad con una psicología positiva y científica.

Dentro de su obra "El sentido de la Vida", en 1931, Adler expone clara y extensamente sus ideas acerca de la vida.

---

[33] Adler, Alfred "La Ciencia del Vivir", pág. 7.

¿Para qué sirve la vida?, ¿Qué significado tiene?, estas son interrogantes que como seres humanos nos hemos hecho en algún momento de nuestra vida. La vida para Adler tiene tantos sentidos, como seres humanos pueblan el mundo. Éstos a su vez, viven en el terreno de los significados, la realidad se vive a través del significado que le damos. Cada hombre tiene un significado de la vida, por lo tanto, todas sus actitudes, hábitos, rasgos, ambiciones, etc., están conformes a dichos significados. También posee tres vínculos principales; a saber, el primero es el hecho de que estamos en la tierra, el segundo que no somos los únicos miembros del género humano y el tercero que vivimos en dos sexos.

Estos tres vínculos imponen tres problemas:

1. Cómo hallar una ocupación que nos permita sobrevivir bajo las limitaciones impuestas por la naturaleza de la tierra.
2. Cómo hallar una posición entre nuestros semejantes para que podamos cooperar y compartir los beneficios de la cooperación.
3. Cómo acomodamos nosotros mismos al hecho de que vivimos en dos sexos, tomando en consideración que, la continuidad de la humanidad dependen de la vida amorosa de los seres humanos.

Un significado realmente de valor para Adler, es el que da al interés social, partiendo de allí su concepto de salud.

El hombre que se enfrenta con éxito con los problemas de la vida, actúa como si reconociera total y espontáneamente que el significado de la vida consiste en el interés por los demás y en la cooperación.[34]

---

[34] Adler Alfred "El significado de la vida", pág. 16.

DRA. MARÍA ESTHER BARRADAS ALARCÓN

Solo el individuo que comprenda que la vida significa contribución, ser capaz de enfrentarse con sus dificultades, con valor y con una buena posibilidad de éxito.

El hombre en general tiene una meta común que es su función social, esta función implica la incorporación activa como miembro a una sociedad, la cual comienza naturalmente en el seno familiar, en el cual nos desarrollamos. Es precisamente en la familia donde se va a formar el "estilo de vida" de los individuos.

Para Adler, nos movemos en base a los objetivos que nos proponemos y este movimiento se da en base a nuestros sentimientos sobre algo. Ese "algo" se forma en los primeros años de vida, dando como resultado distintos estilos de vida de cada ser humano. Los sentimientos no están en contradicción con el estilo de vida, donde existe un objetivo, los sentimientos se adaptan siempre a su logro. Por eso, el tono emocional se fija a nuestro estilo de vida, dándole el matiz a nuestro comportamiento.

Las tendencias más fuertes del hombre, ha sido la de formar grupos con el objeto de poder vivir como miembro de una sociedad y no como individuo aislado, esta vida social proporciona enormes ventajas al hombre; contribuye a que supere su sentimiento de inferioridad y de debilidad.

El contexto individual, es decir, el objetivo de una vida individual, marca la directriz de todos los actos y de todos los movimientos del ser humano. Este objetivo lo capacita para comprender el significado oculto que hay tras distintos actos separados, considerándolos como parte de un todo.

Adler considera que el hombre es un ser social, por lo que tiene demandas sociales y un anhelo básico de encajar en un grupo, sus cualidades lo alejan o acercan hacia los demás, con el fin primordial de **pertenecer**. Sus acciones tienen un propósito: entiende las metas de los individuos y del mismo para poder comprender el comportamiento de los demás: tienen una libertad de elección, autodeterminación y creatividad.

Para él, individual significa indivisible, enfatiza sobre la totalidad de la personalidad y en la unidad de la misma.

Su filosofía es optimista por lo que se conoce básicamente en la frese de: "Podemos cambiar", traducido al optimismo Adleriano consiste:

Aun cuando seamos impotentes para cambiar la situación, podemos decidir cómo reaccionar ante ella, ya que lo importante no es lo que sucede si no como nos sentimos acerca de eso.[35]

De aquí podemos partir a dar un enfoque general de los aspectos básicos de la Psicología Adleriana, esta es:

Individual.- Considera el hombre indivisible; enfatiza la totalidad de la personalidad individual. Considera que los hombres somos creadores de nuestra propia "lógica privada" y que tenemos la capacidad de cambio de nuestra percepción "autoderrotante". Enfatiza en entendimiento, significado y valores.

Del Ego.- Se enfoca en el consciente.

Del comportamiento.- Da énfasis en cómo utilizar nuestras emociones y no ser víctimas de las mismas.

---

[35]   Dewey, Edith A. "Aplicaciones básicas de la Psicología Adleriana" s/n.

Fenomenológica.- Filosofía y metodología dinámica y pragmática, ¿cómo percibimos la vida?

Sus postulados son cinco:

1. Inmersa en la sociedad
    a) Somos seres sociales que queremos "permanecer".
    b) Nuestros problemas básicamente son sociales.
    c) El grupo es nuestro campo de acción.
    d) Es importante la interacción con otros.
    e) Existe un interés social.
    f) Existe la necesidad de cooperar y contribuir.

2. Autodeterminista y Creativa.
    a) "La vida es movimiento".
    b) El hombre es participante activo que no solo reacciona, si no actúa.
    c) Se pueden cambiar las interacciones en base a lo que uno haga.
    d) El ser humano modela su propio destino.
    e) Tenemos la capacidad de decidir lo que queremos hacer, por lo tanto, no podemos considerarnos víctimas de nuestros impulsos.

3. Encaminada a Metas y Teleológica.
    a) El Comportamiento tiene un propósito, aunque es difícil percibirlo.
    b) Actuamos por la atracción de metas y nuestro impulso dinámico.

c) La comprensión de las personas casi siempre se basa en las causas del comportamiento, pero esto nos dan reacciones diferentes a situaciones similares.

d) Las causas no pueden ser modificadas, pero las metas nos dan alternativas.

4. Subjetiva.
   a) Nosotros somos los que le damos sentido a la vida.
   b) La realidad es como la percibimos.
   c) Nuestra objetividad acerca de nosotros mismos y de la experiencia vivida, es difícil que se dé.

5. Holística o Integrativa.
   a) Un todo es más que la suma de sus partes.
   b) La parte no puede ser entendida por sí sola.
   c) Buscamos un modelo en que los detalles encajan, para formar nuestro estilo de vida.

Para una mejor comprensión de los postulados, es necesario conocer cuál es el criterio de Adler para la conceptualización de la personalidad, tomando en cuenta los factores que influyen en su desarrollo.

Herencia.- La herencia nos da el potencial, pero uno debe "potencializarse", para utilizarlo. Los Adlerianos no niegan la importancia de la herencia, pero enfatizan que es menos importante lo que uno tiene, que lo que uno hace con lo que tiene.

Atmósfera Familiar.- Valores familiares, son los ideales que van a exigir al niño; un valor es algo importante para ambos padres, aunque no estén de acuerdo sobre el mismo y ante el cual el niño debe tomar una postura, rebelarse, ajustarse, aliarse, pero no puede estar neutro. Algunos de los valores comunes son: la educación, el dinero, deportes, salud, honradez, éxito, corrección, conformismo, religión, comunicación, relaciones humanas, obediencia, cuidar del prójimo, tesón en el trabajo, etc.

La historia, las tradiciones y los lemas familiares, también son significativos. Lineamientos, son los modelos, roles de padres, hermanos mayores, etc., los niños pueden imitarlos, seleccionarlos o serlo opuesto a estos. Relaciones desalentadoras o ayudan al desarrollo de una persona saludable. Constelación familiar, interacción familiar y el orden del nacimiento, o sea, el lugar que se ocupa entre los hermanos.

Todos estos factores, lógicamente, van a influir en un estilo de vida, aspecto importante en la teoría Adleriana; comencemos por dar una definición de esto.

Adler lo define como:

"El estilo personal de actuar, pensar y percibir".
"La luz del movimiento exclusiva del individuo".
"El total de su individualidad".
"Lo que frecuentemente se etiqueta como ego". Dewey, Edith Idem, s/n.

Resumiendo podemos decir que el estilo de vida es el marco dentro del cual interpretamos, controlamos y predecimos la importancia; o sea, que la vida es como nosotros la vemos, desarrollando una "visión de túnel", que nos mueve sin desviarnos de nuestras expectativas.

En conclusión el estilo de vida es: autoimagen, evaluación del medio ambiente, convicciones éticas y el método de evaluación, basado en las propias percepciones.

Esto lo podemos valuar a través de una serie de aspectos, "Yo soy", "Mi vida es", "La gente es", "Yo debería", "Por lo tanto yo", resumiendo, ¿Cómo yo, viéndome a mi mismo del modo en que lo hago, en el mundo que contemplo y siendo la gente como la veo, me afrento a la vida?.

Ahora nos podemos preguntar, como se desarrolla el estilo de vida de una persona.

El individuo durante su desarrollo, tiene como primera tarea, organizar el mundo, y esto lo hace por medio de ensayos, reacciona ante los estímulos y hace observaciones e interpretaciones primitivas, saca conclusiones y comienza a desarrollar reglas prácticas, mediante las que opera, cuando una acción le produce satisfacción, la continúa y refuerza, las otras las desecha. Como ser social trata de lograr un lugar que considera le corresponde.

El método para apreciarse a sí mismo y a su mundo circundante es la "Lógica privada".

Se considera que el estilo de vida se desarrolla durante los primeros 7 años de vida, los Adlerianos varían en este concepto. Mencionar, como ejemplo las siguientes etapas.

Pre-escolar.
Conceptos en formación, son fácilmente cambiados.

Escolar.
Los conceptos pueden ser alterados por la experiencia.

Adolescencia.

Aprende a esconder sentimientos, a engañarse a sí mismo; "lleva una máscara" y conserva las convicciones que tiene.

Adulta.

El estilo de vida está bastante fijo y generalmente sólo es cambiado por la psicoterapia, pero en algunos casos, la vida en sí puede ser terapéutica y uno puede recibir un "lavado cerebral".

Podemos decir que dentro nuestro estilo de vida debe existir una máxima prioridad, tratando de contestar estas dos interrogantes.

¿Qué es lo más importante en mi búsqueda de la pertenencia?, y ¿Qué es lo que debo evitar a toda costa?

Esto quiere decir que el individuo necesita reconocer el orden relativo de sus prioridades.

A continuación, podemos mencionar cuatro de las prioridades máximas del individuo:

Comodidad, complacencia, dominio y superioridad.

Para Adler, existen además de las prioridades, los afines o tareas de la vida, tales como:

1. **Trabajo u ocupación**.- Como encontrar una ocupación que nos permita sobrevivir bajo las limitaciones impuestas por la naturaleza de la tierra.

2. **Sociedad o amistad**.- Como podemos encontrar un lugar entre nuestros semejantes para que podamos cooperar.

3. **Sexo o amor**.- Como adaptarnos al hecho de que vivimos como dos sexos y que la continuación y tolerancia a la humanidad, depende de nuestra vida amorosa.

Adler considera que las tareas de la vida están determinadas por el estilo de vida de cada quién, además que las emociones juegan un papel importante dentro de ambos aspectos. Considerando que el pensamiento proporciona la dirección y la emoción la fuerza del movimiento.

Existe una tipología de los estilos de vida, aunque cabe mencionar que los Adlerianos están en contra de "etiquetar" las personalidades de los individuos y solo las describen para un mejor entendimiento del comportamiento humano.

Adler, básicamente menciona 4 tipologías: *Dominante. Extremista. Escapista.*

Socialmente útil.

Para finalizar, rescataremos la idea que Adler tiene sobre la educación. Para él, la educación es un proceso que tiene como objetivo sacar a flote y dirigir las personalidades de los individuos. Considera que la Psicología Individual puede ser de gran ayuda en el ámbito, tanto familiar como escolar.

Uno de sus principios más generales es que la educación debe responder a la vida posterior, que aproximadamente el individuo va a vivir. Esto quiere decir, que debe ser una formación de acuerdo con los ideales de la sociedad, de ser posible de la misma nación donde uno vive, aunque posiblemente los valores variarán de acuerdo a las circunstancias socio-políticas que se viven. Considera que desde el punto psicológico, el ideal principal educativo sería el adaptar socialmente a los niños. Le da un lugar primordial a la escuela para el proceso de socialización de los alumnos, argumentando que en dicha situación no se mima a los pequeños, teniendo una actitud más enérgica y firme que en el hogar. Además, que en la familia no siempre se tienen ideales bien definidos, dominando las pautas tradicionales.

Concretamente, su opinión sobre la educación escolar en cuanto a la directriz que debe tomar, las enmarca en las siguientes palabras:

> No deben reñir, ni castigar, sino hacer lo posible por moldear, educar y desarrollar el interés social de los niños. La escuela moderna no puede operar según el principio del rigor y de la censura, sino más bien, en conformidad con la idea de compenetrarse, comprender y resolver los problemas personales del niño. Adler Alfred

En relación a la educación dentro del hogar menciona:

> Por otra parte, como los padres y los hijos están tan íntimamente unidos en el seno del hogar, es con frecuencia muy difícil para los primeros educar a sus pequeños para la sociedad. Prefieren educarlos para sus propios objetivos y desde sus puntos de vista personales, con lo cual marcan una tendencia que crear conflictos al niño, al correr los años y al enfrentarse con los complejos problemas de la vida. Dichos niños están destinados a encontrarse con grandes obstáculos en el curso de su existencia. Ya los

empiezan a experimentar desde el momento en que ingresan a la escuela; pero problemas serán mucho más graves en la vida que siga a su período escolar. Adler Alfred.

Por lo anteriormente mencionado, se crea la necesidad de educar primero a los padres, aunque en realidad, es una tarea muy difícil, ya que ellos están aferrados a la tradición. Sin querer comprender el cambio de la sociedad.

Los "niños problema", no son aquellos que nacen con alguna insuficiencia, sino los que en sus familias son sobreprotegidos y los hacen sentir que son el centro de atención de todo y por todo. Ante estos pequeños "difíciles" o "prodigios", la Psicología Individual propone una solución dentro de uno de sus principales postulados: -Todo el mundo puede realizar cualquier cosa útil en la vida-, siempre hay equivocaciones, pero pueden ser corregidas y el ser humano puede ponerse en condiciones de abrirse camino.

El objetivo que se propone estudiar la Psicología Individual, es la adaptación social. Puede esto parecer paradójico, pero si lo fuera, no pasara de lo meramente verbal: sólo cuando prestamos atención a la vida psicológica concreta del individuo, caemos totalmente en la cuenta de la importancia excepcional que tiene elemento social en su vida.

"El individuo sólo se forma como tal en el medio social". Adler Alfred, Idem, pág. 133.

DRA. MARÍA ESTHER BARRADAS ALARCÓN

5.2.2 Rogers y la Psicología Humanista.

Carl Rogers nació el 8 de enero de 1900 en el seno de la familia de tradición religiosa, casi podríamos decir puritana.

Rogers trabajó en el departamento de prevención contra la crueldad infantil en Rochester, como terapeuta, dedicado a la clínica, diagnosis y la investigación con jóvenes y niños delincuentes. Con base en este trabajo y su experiencia inicia la terapia centrada en el cliente o terapia autodirectiva. En esta época, escribe su libro sobre el tratamiento clínico del niño problema. En la década de los 40 y principios de los 50, Rogers se dedica a la psicoterapia, a la docencia y a escribir sobre su teoría y experiencia. Su libro Counseling and Psicotheraphy, sienta las bases de la psicoterapia centrada en el cliente o psicoterapia autodirectiva, dentro del cual revoluciona el tratamiento psicoterapéutico, ofreciendo una aportación de gran valor a la corriente psicológica humanista o tercera fuerza de la psicología.

En 1947, Rogers aporta a la psicoterapia de grupo, una gran riqueza teórica, formando los grupos de encuentro. La finalidad de estos grupos, es obtener un aprendizaje, no solo cognoscitivo, sino también experiencial, los participantes son corresponsables con las facilidades de la estructuración de los procesos individual y grupal.

Otra aportación de suma importancia, la da dentro del campo de la educación. Su teoría puede ser considerada como una revolución callada de los sistemas educativos. En su libro Freedom To Learn (Libertar y Creatividad en la Educación), propone que el educando se libere de imposiciones y programas preconcebidos que le permita buscar dentro de sí aquellas potencialidades que lo conduzcan a adquirir el conocimiento que él mismo necesita para lograr la plenitud como persona.

Una de las últimas aportaciones de Rogers, es la conocida obra de educación centrada en la persona o en el estudiante, donde acepta una influencia de Goldstein, Angyal, Maslow, Allport, Madderman, May y otros autores que han aportado a la teoría de la personalidad dentro del campo humanista.

El enfoque de Rogers (1951, 1961, 1977).

El enfoque de Rogers (1951, 1961, 1977) es holístico, es decir, trabaja con la totalidad de la persona; es existencial, pues se preocupa por la búsqueda del significado y del propósito de la vida, de la experiencia central del ser en el mundo, de la necesidad de ser auténticos, responsables, libres. Es también, un enfoque fenomenológico, por lo cual propone que: cada individuo existe en un mundo cambiante del cual él es el centro; el organismo reacciona al campo, tal como él lo experimenta y percibe. El campo perceptual para el individuo es la realidad; reacciona a un campo fenomenológico como una totalidad organizada.

La denominación centrada en el cliente, significa que la persona es el centro de atención y no su problema, que no es tratada como un paciente dependiente, sino como un cliente responsable. El constructor No-Directivo, implica y engloba la hipótesis básica de este enfoque, en el cual el ser humano es un organismo básicamente digno de confianza, capaz de manejar su situación psicológica, de comprenderse y de organizarse a sí mismo. (Rogers, 1951; 1977).

Gran parte de la construcción teórica del enfoque, gira en torno al concepto o estructura de Sí Mismo. Esta estructura del sí mismo puede configurarse como una configuración organizada de percepciones de sí mismo, admisible para la conciencia. Está integrado por elementos tales como la percepción de las propias características y capacidades; los preceptos y conceptos de sí mismo en relación con los demás y el ambiente; las cualidades valiosas que se perciben, ya sean positivos o negativos. (Rogers, 1951; 1961).

De acuerdo a la teoría del aprendizaje, en la psicoterapia centrada en el cliente, se lograría un aprendizaje nuevo del Sí Mismo, de la propia persona. Al modificarse la autopercepción, se integrarían nuevos elementos al sí mismo y a la estructura del sí mismo, antes no percibidos o negados. (Rogers, 1951).

Para Rogers (1951), la personalidad es entendida como la conjunción de la estructura del sí mismo y la experiencia del organismo. Elabora algunas proposiciones tentativas referentes a la dinámica de la personalidad que se exponen a continuación:

1. Todo individuo vive en un mundo continuamente cambiante de experiencias de las cuales es él, el centro.
2. El organismo reacciona ante el campo tal como lo experimenta y lo percibe. Este campo perceptual es, para el individuo la "realidad".
3. El organismo reacciona como una totalidad organizada ante su campo fenoménico.
4. El organismo tiene una tendencia o impulso básico a actualizarse, mantener y desarrollar al organismo experienciante.

5. La conducta es básicamente el esfuerzo intencional del organismo por satisfacer sus necesidades tal como las experimenta, en el campo tal como lo percibe.

6. La emoción acompaña y en general facilita esta conducta intencional; el tipo de emoción está relacionada con los aspectos de búsqueda versus los aspectos consumatorios de la conducta y la intensidad de la emoción con la significación percibida de la conducta para la preservación y el desarrollo del organismo.

7. El mejor punto de vista para comprender la conducta es desde el propio marco de referencia del individuo.

8. Una parte del campo perceptual total, de diferencia gradualmente, constituyéndose el sí mismo (self).

9. Como resultado de la interacción con el ambiente y particularmente como resultado de la interacción valotaría con los demás, se forma la estructura del sí mismo; una pauta conceptual organizada, fluida, pero congruente de percepciones de las características y relaciones del "yo" ó del "mí", conjuntamente con los valores ligados a estos conceptos.

10. Los valores ligados a las experiencias y los valores que son parte de la propia estructura, en algunos casos son valores experimentados directamente por el organismo y en otros son valores introyectados o recibidos de otros como si hubiera sido experimentados directamente.

11. A medida que se producen experiencias en la vida del individuo, estas son:

    a) Simbolizadas, percibidas y organizadas en cierta relación con el sí mismo.

    b) Ignoradas porque no se percibe ninguna relación con el sí mismo.

c) Se le niega la simbolización o se les simboliza distorcionadamente porque la experiencia no es compatible con la estructura del sí mismo.

12. La mayoría de las modalidades de conducta que el organismo adopta son compatibles con el concepto de sí mismo.

13. La conducta puede surgir, en algunos casos, a partir de experiencias y necesidades orgánicas que no han sido simbolizadas. Tal conducta puede ser incompatible con la estructura del sí mismo, pero en esos casos el individuo no es "dueño" de sí.

14. La inadaptación psicológica, se produce cuando el organismo rechaza de la consciencia experiencias sensoriales y viscerales significativas, que en consecuencia no son simbolizadas y organizadas en la totalidad de la estructura de su sí mismo. Cuando se produce esta situación, hay una tensión psicológica básica o potencial.

15. La adaptación psicológica existe cuando el concepto de sí mismo es tal que todas las experiencias sensoriales o viscerales del organismo son, o pueden ser asimiladas en un nivel simbólico en relación compatible con el concepto que tiene de sí.

16. Cualquier experiencia incompatible con la organización o estructura de la persona, puede ser percibida como una amenaza y cuando más numerosas sean estas percepciones, más rígidamente se organiza la estructura de las personas para preservarse.

17. En ciertas condiciones que implican principalmente una ausencia total de amenazas para la estructuración de sí mismo, se puede percibir y examinar experiencias incompatibles y se puede revisar la estructura del sí mismo para asimilar e incluir tales experiencias.

18. Cuando el individuo percibe y acepta en un sistema compatible e integrado, todas sus experiencias sensoriales y viscerales, necesariamente comprende más a los demás y los acepta como personas diferenciadas.

19. A medida que el individuo percibe y acepta experiencias orgánicas en su estructura del sí mismo, encuentra que está reemplazando su actual sistema de valores – basado en gran medida en introyecciones simbolizadas de manera distorsionada – por un proceso de evaluación organísmica. (Rogers, 1951 p 410-441).

Rogers (1967) propone que todos poseemos un proceso de evaluación natural en nosotros mismos. Él lo llama proceso organísmico de valoración, el cual es organizado y esencialmente orgánico, son los sentidos y la sabiduría de nuestro cuerpo quienes nos indican aquello que ha de ser preferible para nuestra supervivencia y nuestro desarrollo. En el bebé, es menos consciente y menos amenazado por las valoraciones de otros, reacciona a la inmediatez de su experiencia. En la persona madura es más consciente y más complejo, pues en el participan los recuerdos de todas las cosas relevantes aprendidas en el pasado. La experiencia sensorial inmediata conlleva un significado surgido de similares experiencias pasadas; reuniéndose así, lo nuevo y lo viejo.

Pero, continúa Rogers (1951; 1961; 1967), no obstante tener una propia fuente de valoración, la mayoría hemos perdido contacto con nuestras reacciones organísmicas, nuestra experiencia interna. Acumulamos pautas de valor introyectadas y guiamos nuestra conducta, nuestra vida con una fuente de valor externa. Estos valores introyectados provienen de los padres, maestros, amigos, iglesia, publicidad. Se toma lo que es "bueno" o "malo" de acuerdo a los demás, elaboramos una imagen, un concepto negativo o positivo de nosotros mismos poco flexible.

La necesidad de amor y aceptación ofrece la circunstancia para ceder a las manipulaciones del ambiente. El amor de los padres o personas significativas es condicional, dándose con la condición de que el niño reaccione de acuerdo a las expectativas y los valores dados.

El centro de nuestra vida radica en otros, nos sentimos asustados, inseguros y nos aferramos rígidamente a los valores introyectados. Con ellos y pocas pautas simbolizadas de una experiencia real, sentida formamos una estructura del sí mismo rígida, que defendemos de experiencias incongruentes a ella, porque de algún modo nos ha permitido sobrevivir en un mundo difícil, pero no nos permite una existencia plena. Al hacerse continúa la respuesta defensiva, la estructura de sí mismo se vuelve más rígida, disminuye la conciencia de la totalidad de la experiencia en el presente, se detiene su maduración, la persona se muestra más vulnerable, todas sus experiencias son enfrentadas defensivamente como amenazas potenciales y no como lo que verdaderamente son.

De este modo, en las relaciones interpersonales se experimentan y perciben las palabras o conductas como amenazadoras, aunque no sea esa su intención; además, se atacan las palabras y conductas de los demás porque representan o se asemejan a las experiencias temidas.

De tal manera, una persona madura, integrada, está abierta a todas sus experiencias, a todos los estímulos internos que se perciben de manera consciente y se guía por su procesos de valoración organísmica, tiene un concepto de sí mismo fluido, flexible, que esta reorganizándose constantemente en el continuo de experiencias que le ofrecen la circunstancia en que vive, no rechaza la percepción de sus vivencias, las comprende, las acepta como parte de ella misma, de su self o yo, no utiliza máscaras para presentarse ante los demás. La adaptación psicológica es cuando el concepto organizado de sí mismo es congruente con las percepciones realmente experienciadas (Rogers, 1951; 1961).

El enfoque de Rogers (1951) es optimista, de confianza en el ser humano, que a través de su psicoterapia intenta ofrecer un lugar donde éste pueda reorganizarse y desarrollarse, donde la persona logre reconocer y tomar conciencia de lo que es y lo que no es, lo que puede ser capaz, descubrir su libertad, ser responsable, auténtico y aprecia en sí mismo el valor y los derechos de los demás, que reconozca la fluidez de la vida de su continua transformación, en un mundo moderno y complejo, al que tiene que ajustarse a la manera de ser de cada uno de ellos.

- *Relación de ambas teorías con el programa P.E.C.E.S.*

Conociendo los principales preceptos de las teorías Adleriana y Rogeriana, podemos decir que existe una relación directa de ambas con el curso P.E.C.E.S.

Esencialmente, la base filosófica de Adler que menciona la importancia de la pertenencia al grupo, en este caso a la familia, con aspectos tales como la cooperación y el respeto mutuo, puntos que Adler menciona como contribución social.

Sobresale su concepto del "Estilo de Vida", dado por la atmósfera familiar, el cual P.E.C.E.S. rescata para hacer a ésta un núcleo de educación y relaciones democráticas por excelencia.

La importancia que le da a las emociones como influyentes en los distintos comportamientos del ser humano, es también tomada en cuenta dentro de la orientación P.E.C.E.S., ya que se les enseña a los padres, a que sean observadores y respetuosos de las emociones y sentimientos de sus hijos y sobre todo a saber detectar cuales son los objetivos reales del comportamiento inadecuado de éstos, para así, poder actuar en la modificación de los mismos.

Específicamente, dentro de la educación, su ideal principal, es adaptar socialmente a los niños, esto quiere decir, ayudar a despertar en ellos un interés social, a través de una adecuada resolución de problemas sin castigos. Dentro de P.E.C.E.S., esto se conoce como un nuevo método de disciplina, este es, hacer vivir al niño sus propias consecuencias por su comportamiento, estas le enseñará del orden de lo social, sin castigos, ni reprimendas.

Otro aspecto importante mencionado por Adler, es el que se refiere a que los padres educan sólo para cubrir sus propios objetivos, provocando que el niño tenga en ocasiones, conflictos en su vida social, ya que no se les educa para la sociedad, sino para satisfacción de los mismos padres. Por esto, surge la necesidad de educar primero a los padres, ante esta necesidad, Don Dinkmeyer y Mckay, crean obras tales como: Raising a Responsable Child y P.E.C.E.S., donde enseñan a los padres el concepto del "valor de ser imperfecto", motivándolos al cambio, retomando este punto de la filosofía optimista de Adler parafraseada por Dreikurs:

Podemos cambiar, aún cuando seamos impotentes para cambiar la situación, podemos decidir cómo reaccionar ante ella, ya que lo importante no es lo que sucede, sino cómo nos sentimos acerca de eso.[36]

---

[36]   González Garza, Ana Ma. "El enfoque centrado en la persona", pág. 13 y 14.

La relación de Rogers con P.E.C.E.S., la indicaremos retomando los conceptos sobre el ser humano y su potencialidad de autorrealización, principalmente menciona que la persona es valiosa por sí misma y que el ser humano es digno de confianza, estos principios de P.E.C.E.S. los enfatiza como la igualdad y no exactitud de derechos, dentro de un respeto mutuo.

Otro punto importante es lo que él llama "el aprendizaje significativo", el cual lo podemos asociar con vivir las propias experiencias, anteriormente mencionado como método de disciplina expuesto en P.E.C.E.S., consiste en dejar vivir las consecuencias de los comportamientos.

Referente a la educación, aporta conceptos como que el ser humano es digno de confianza y respeto, que tiene desde su nacimiento una capacidad de autodirección y por tanto, puede tener sus propias decisiones, logrando así elegir sus propios valores, estos preceptos resumidos dentro de P.E.C.E.S., son enseñados como la capacidad de libertad de acción y responsabilidad de cada uno de los miembros de la familia.

CAPITULO VI

OTROS CURSOS ALTERNATIVOS PARA EDUCAR A LOS PADRES

María Esther Barradas Alarcón

Ana Virginia Sánchez Barradas

Dentro de los cursos para preparar a los padres en su rol de padres tenemos los siguiente:

6.1 Raising a Responsible Child. Autor Dr. Don Dinkmeyer y Dr. Gary D. Mckay.

Este libro Raising a Responsible Child, fue escrito con la finalidad de brindar a los padres una herramienta más en la labor tan importante como lo es la educación de los hijos.

Sus principios tienen la influencia de Rudolf Dreikurus y de los miembros del grupo del Instituto Alfred Adler de Chicago.

La propuesta general del texto es crear una relación democrática dentro de la familia, que ofrezca alternativas y fomente la participación y la planeación, así como la responsabilidad. Todo esto basado en un respeto mutuo y una motivación interna.

Consideran que para que exista una responsabilidad social, ésta se tiene que desarrollar primeramente dentro de la familia a través de cuatro aspectos básicos:

1. Una relación democrática entre padres e hijos, basada en un respeto mutuo, queriendo decir por esto, que los padres deben ser firmes, pero amables en las reglas y normas estipuladas dentro del hogar. La firmeza de mostrar que los padres se estiman a sí mismos y la amabilidad que respetan a sus hijos.

2. Fomentar una comunicación de respeto, amor y apoyo, dando valor al niño como persona. * Dinkmeyer y Mckay "Raising a Responsable Child".

3. Utilizar dentro de la disciplina de los niños, las consecuencias naturales y lógicas en lugar de los premios y castigos, ya que las primeras son las que desarrollan en el pequeño la responsabilidad y la autodisciplina.

4. El entendimiento de los padres sobre el comportamiento de los hijos, para lograr una mayor consistencia en sus actitudes ante ellos.

Los autores enfatizan a los padres, que deben aceptar sus propias imperfecciones, para que puedan aceptar las de sus hijos y sobre todo estar dispuestos al cambio.

La obra se divide en cuatro partes, subdivididas en once capítulos que hacen un total de 247 páginas.

Su contenido es el siguiente:

Parte I. El niño en la familia.

Cap. 1 Entendiendo el comportamiento, tanto adecuado como inadecuado de los pequeños.

Cap. 2 Entendiendo y promoviendo el desarrollo emocional.

Cap. 3 Conceptos erróneos, tanto de los adultos como de los niños.

Cap. 4 Comunicación.

Cap. 5 Estimulación.

Parte II. Responsabilidad sin castigo.

Cap. 6 Aprendiendo respeto y orden a través de la experiencia y de las consecuencias.

Cap. 7 Consecuencia en situaciones comunes.

Cap. 8 Juegos que los niños juegan.

Parte III. El niño en la escuela

Cap. 9 Aproximaciones de los problemas escolares.

Parte IV. Alcanzando una familia democrática.

Cap. 10 La reunión familiar.

Cap. 11 Construyendo la confianza en los padres guía para la solución efectiva de los problemas.

Haciendo una síntesis de los aspectos principales, comenzaremos diciendo, que los padres tienen como primera labor, el tratar de comprender cuál es el propósito del niño al comportarse de alguna manera, sobre todo si este comportamiento es inadecuado dentro de la situación que se vive.

Estos comportamientos se ven influidos por los mitos que se tienen dentro de la familia y que podemos denominar como culturales. Además de existir también aspectos tales como la atmósfera familiar, que está dada por la relación con padres y hermanos dentro de la constelación familiar. Algo muy importante es el método que los padres utilizan para establecer la disciplina en el hogar.

Rudolf Dreikurs, señala como objetivos del comportamiento inadecuado cuatro puntos: atención, poder, revancha e insuficiencia.

Toda conducta tiene un significado social y un propósito general, que sería el sentir pertenencia al grupo.

Cada niño tiene necesidades psicológicas tales como: sentirse amado y aceptado, sentir seguridad y una relativa libertad de acción, pertenecer e identificarse como parte de su grupo, en este caso, su familia, ser aprobado y reconocido, lograr una independencia y una responsabilidad para poder tomar decisiones.

Los niños con un interés social, son cooperativos y respetuosos de los derechos de los demás.

Las emociones juegan un papel muy importante en la interacción de padres e hijos, son las que dan la energía y enriquecen las experiencias, las emociones siempre apoyan a l propósito que se persigue en los diversos comportamientos. Estas pueden ser utilizadas para llamar la atención, controlar una situación, pudiéndose establecer una lucha de poder,

DRA. MARÍA ESTHER BARRADAS ALARCÓN

también pueden servir para demostrar insuficiencia y provocar lástima o pena y así lograr lo que se tiene que realizar.

Por el manejo inapropiado de las emociones y cayendo en el tan conocido chantaje, dentro de la educación de los hijos, existe la "buena madre", ésta tiene las mejores intenciones para con sus hijos, desgraciadamente no los deja desarrollarse como personas responsables, ya que ella es la que decide por todo y para todo lo que realizan los niños.

Todo esto lo hace con el fin de que el pequeño no sufra vergüenza y que ella no se sienta afligida por lo que él hace, toma como suyos los problemas del hijo, siendo ella la que los resuelve.

Contrariamente a esta situación familiar, de debe fomentar una atmósfera más sana, dando mayor libertad de acción, dejando de sentir lástima y aceptando s los pequeños como son, tratando de separar el hecho de quién lo hace, queriendo decir por esto que el niño debe sentir que es su comportamiento el que nos molesta, mas no él como persona.

Se debe tomar en consideración que los padres son los que están capacitados para dar el cambio y no deben hacer mucho caso de las críticas de los demás cuando ellos decidan dejar de ser "buenos padres".

Para lograr el cambio, se necesita favorecer y desarrollar una más adecuada comunicación, esto se logra a través de que los padres intenten romper con estereotipos ya fijados al establecer una conversación con los hijos. Pudiendo dar respuestas abiertas y no cerradas; esto se obtiene cuando los padres aceptan el sentimiento del hijo en alguna situación determinada, si los padres logran entender y aceptar lo que sus hijos les dicen, ser un paso más en el establecimiento de una mejor relación entre ambos.

Cuando se presenta una situación problemática, el primer paso para su solución será determinar de quién es el problema realmente, si es del niño o del padre. Si el problema es del niño, se trata de aceptar lo que él dice y siente, ayudándole a buscar alternativas de solución, escuchándolo reflexivamente, estimulándole o permitiendo que experimente las consecuencias no diseñadas por los papás. Si el problema afecta directamente al padre, entonces se utilizarán los "mensajes YO", estableciendo las consecuencias al comportamiento del niño.

En todo proceso de cambio, se presentan dificultades, es por eso valioso tomar en consideración un aspecto muy importante dentro de la educación de los niños, como lo es la estimulación.

Se entiende por estimulación el proceso de resaltar y enfatizar capacidades de los niños y no sus errores. De reconocer el esfuerzo de la actividad, cualquiera que sea esta y no solo calificar el resultado final. Es importante no confundir el elogio con la estimulación, el primero solo premia el resultado que los padres consideran bueno, bonito, etc., sin poner atención en el esfuerzo que el niño pone para realizar determinadas cosas. Se le premia si lo hace bien, y se le castiga si lo hace mal, obteniendo como resultado que el pequeño sólo realice las cosas por lo que le den o le digan, pero no por una satisfacción propia.

Para evitar exactamente el procedimiento del permio y del castigo, los autores dan la alternativa del método de las consecuencias lógicas y naturales, que son las que realmente enseñan al niño del orden impersonal tanto de los eventos naturales como sociales, dándoles la oportunidad de ser responsables por su propio comportamiento y fomentando el respeto por los demás.

Estas consecuencias deben ser establecidas en un ambiente de cordialidad, con firmeza y constancia de los padres para lograr su cometido.

Los padres tienen una variedad de situaciones diarias dentro del seno familiar, que han caído en un círculo vicioso difícil de romper, pero que con el adecuado establecimiento de consecuencias pueden ser manejadas.

Tendremos que enfatizar, que dichas situaciones son los juegos que a los niños les gusta jugar y que los padres espontáneamente caen en ellos, dejándose envolver por las reglas que los chicos estipulan, con tal de sentir que su autoridad está funcionando.

Otro aspecto importante en la educación de los niños es su relación dentro de la escuela, los padres en ocasiones se toman la responsabilidad de las conductas dentro del plantel escolar, siendo ellos quienes desean resolver las situaciones presentadas en la escuela, quitándole responsabilidad al niño. Al mismo tiempo al realizar las tareas escolares en casa, estas se vuelven tareas de padres y no de los niños, esta situación se da porque los padres están muy preocupados de guardar su imagen ante los maestros y no permiten que el pequeño sea responsable directo de sus obligaciones.

No queremos decir que los padres no supervisen las tareas, por el contrario, éstos deben estipular, de acuerdo con sus hijos las normas que regirán la actividad de realizar tareas, incluyendo horarios y condiciones, entendiendo que los pequeños se harán responsables de su tarea y los padres sólo supervisarán las mismas, brindando ayuda sólo cuando sea requerido.

Los autores recomiendan establecer una mejor comunicación entre padres y maestros, para que así conjuntamente, se apoyen las labores de casa y escuela para fomentar en el niño la responsabilidad y cooperación.

Es importante retomar que para lograr responsabilidad, respeto y cooperación dentro del núcleo familiar, es necesario que las familias se organicen, dando la oportunidad a los pequeños de participar en reuniones familiares que ayuden a organizar las labores del hogar, la planeación de actividades para su diversión y sobre todo poner en práctica los principios que rigen una familia democrática a través de una adecuada comunicación.

Estos principios se expondrán a continuación, dando la referencia del capítulo del libro donde están contenidos:

PRINCIPIO	*CAPITULO*
Entender los objetivos del comportamiento del pequeño.	1
Reconocer el poder de las expectativas.	1 y 5
Ser firmes pero amables.	1 y 6
Entender las emociones de los niños.	2
No fomentar la competencia.	2
Ignorar los errores.	2 y 5
No ser una "buena" madre.	3
Aceptar al niño como él es.	3 y 5
Ser más consistente en sus acciones.	3
Separar el hecho de qué los hace.	3 y 5
Respetar al niño.	3
Promover la independencia.	3
No sentir lástima por el niño.	3
Comprometerse consigo mismo.	3

DRA. MARÍA ESTHER BARRADAS ALARCÓN

Rehusar a tomar en cuenta lo que dicen o piensan los demás.	3
No reforzar los errores.	3
Utilizar los pasos para escuchar adecuadamente.	3 y 4
Usar "mensajes yo" para manifestar los propios sentimientos.	4
Mantener conversaciones amigables.	4 y 6
Fijarse en el tono de voz, cuando se comunica algo.	4 y 6
Procure que lo que dice, está de acuerdo en cómo lo dice.	4 y 6
Rehúse pelear o darse por vencido.	4
Retírese del conflicto.	4
Utilice los pasos para la resolución del problema.	4
Aplique las consecuencias lógicas y naturales.	4,6,7,8,9,10
Seleccione el enfoque adecuado.	4
Actúe, no reaccione.	4
Recuerde, las reglas las hacen los padres también.	4
Escuchen, los niños tienen buenas ideas.	4
Contrólese.	4
Tenga el coraje de ser imperfecto.	4,6,11
Estimule al niño.	5
No realice por el niño lo que el puede hacer.	6
Dele el adecuado tiempo, sea paciente.	6
Pregunte, no demande.	6
Use el tiempo correcto.	6
No se deje envolver en las peleas de los niños.	7 y 8
No juegue al detective.	8
Trate la situación, no al que la provoca.	8
La escuela es responsabilidad del niño.	9
Organizar reuniones familiares regularmente.	10

No se debe olvidar que para dar un cambio, los padres deben ser pacientes, desarrollar el coraje de ser imperfectos, aceptándose así mismos, tratar de no sentirse culpables por errores cometidos en el pasado, esperar no caer en los mismos patrones de conducta que no le han beneficiado en la educación de sus hijos y ser más positivos.

Una ayuda para el cambio es tener una guía de análisis para el comportamiento, tanto de los padres como de los hijos. Esta guía puede tener los siguientes puntos:

Describir lo que el padre sintió, dijo e hizo ante tal situación.

- Como respondió el niño, ante el comportamiento del padre.
- La meta del padre, para la resolución del problema.
- Señalar cual principio puede utilizar.
- Mi plan para corregir el comportamiento inadecuado.
- Resultados a través de una semana.

Para finalizar, los autores dan la alternativa de organizar grupos de padres, dentro de los cuales se revise el contenido del libro, se fomente la participación activa de sus miembros, expresando en beneficio de todos, sus propias experiencias dentro de sus familias en cuanto a la educación de sus hijos. Estos grupos serán espontáneos e informales, teniendo como guía para la revisión del texto la propuesta dada por los autores.

6.2 Padres Eficaz y Técnicamente Preparados. Autor Dr. Thomas Gordon.

El Dr. Thomas Gordon, licenciado en Psicología Norteamericana, crea un método para la educación de los hijos, que expone en su libro, P.E.T., Padres Eficaz y Técnicamente Preparados, con el propósito de dar una respuesta a una variedad de preguntas que se formulan los padres, tales como: ¿Qué hacer para que los niños no sean tan caprichosos, digan menos mentiras y hagan menos rabietas?, ¿Cómo encauzar a los hijos por lineamientos concretos?, ¿De qué manera hacerlos más responsables?, etc..

Además de contestar preguntas como las anteriores, trata de evitar que los padres caigan en el riesgo de ser autoritarios o indulgentes con los niños.

Este método se basa en verdades fundamentales que en la vida cotidiana hacen que las personas convivan armoniosamente. Se puede aplicar con niños o adolescentes que se rebelan o no aceptan la influencia familiar.

La obra consta de un total de 302 páginas, divididas en 16 capítulos, un apéndice y un índice analítico al final.

El orden de los capítulos es el siguiente:

1. A los padres se les culpa, pero no se les educa.
2. Los padres son personas, no dioses.
3. Cómo escuchar para que los chicos hablen con ustedes. El lenguaje de la aceptación.
4. Cómo poner a trabajar su habilidad activa para escuchar.
5. Cómo escuchar a los chicos que son demasiados pequeños, como para hablar mucho.
6. Cómo hablarles a los niños para que lo escuchen.
7. Cómo poner a trabajar los "mensajes yo".
8. Corrección del comportamiento inaceptable mediante el cambio del medio ambiente.
9. Conflictos inevitables entre padres e hijos: ¿Quién debería ganar?.
10. Poder paterno: ¿Necesario y justificado?.
11. El método "nadie pierde" para resolver conflictos.
12. Los temores y preocupaciones de los padres.
13. Cómo poner a funcionar el método "nadie pierde".

14. Cómo evitar ser despedido como padre.

15. Cómo pueden los padres evitar conflictos modificándose a sí mismos.

16. Los otros "padres" de sus hijos.

A continuación se hará la síntesis del contenido de la obra.

Este libro surge de la necesidad de brindar una ayuda a los padres, porque como se menciona en el primer capítulo: "A los padres, se les culpa, pero no se les educa".[37]

Se ha comprobado que los padres utilizan como método de disciplina el castigo, el premio y en ocasiones infundir miedo en las criaturas con tal de hacerse obedecer. El programa P.E.T., brinda a los padres, métodos a través de los cuales, pueden lograr educar niños responsables, disciplinados y cooperativos sin tener que recurrir a los métodos tradicionales.

Un aspecto importante es hacer comprender a los padres que ellos no son perfectos, que son seres humanos como cualquier otro, con sentimientos, debilidades y errores y que no por ser padres tienen que perder hasta su propia individualidad.

Agregando algo más a lo anterior, diremos que los padres tienen sus áreas de aceptación y que estas cambian de acuerdo a la situación presentada, ellos no pueden ser tan rígidos que no se permitan un cambio en ciertas actitudes para con los hijos.

---

[37] Gordon, Thomas "P.E.T.", pág. 13.

Para comunicar la aceptación, debe existir un lenguaje especial

La aceptación es como la tierra fértil, que permita que una pequeña semilla llegue a convertirse en la hermosa flor que está latente en ella. La tierra solo ayuda a la semilla a florecer, libera la capacidad de la semilla para crecer, aunque la capacidad está dentro de la semilla. Como con la semilla, un niño contiene enteramente dentro de su organismo la capacidad para desarrollarse. La aceptación es como la tierra: nada más permite al niño que actualice su potencial.

En este proceso, es importante tomar en cuenta tanto el lenguaje verbal como el corporal, siendo necesario demostrar al niño en ambas formas que es aceptado.

Para abrir una comunicación, es valioso tratar de "escuchar activamente", apoyándose en sencillas frases, tales como: "ya veo, ¿de verdad?, ¿qué más?, que interesante, ¿en serio?, ¡lo hiciste!, ¡qué bien!, etc.

El padre no debe interpretar lo que el niño dice o siente, sino reflejar su sentimiento, haciéndolo sentir que lo está entendiendo y aceptando.

En la forma activa de escuchar, se ayuda a que los niños tengan menos miedo de los sentimientos negativos, promueve una relación cálida entre padre e hijo, facilita que el niño resuelva sus problemas, influye para que el pequeño sienta más deseo de escuchas las ideas y pensamientos de sus padres, invitándole a que él sea el que hable.

Para lograr los objetivos del escuchar activamente, los padres tendrán que mantener ciertas actitudes tales como:

1. Desear escuchar lo que el niño tiene que decir.
2. Desear genuinamente ser de ayuda para él y así poder resolver ese problema en particular.
3. Poder aceptar sus sentimientos.
4. Tener una profunda confianza en la capacidad del niño para manejar sus sentimientos.
5. Estar consciente de que los sentimientos son transitorios, no permanentes.
6. Poder ver al niño como alguien aparte de ellos.
7. Debe estar con él mientras experimente sus problemas, pero no debe formar parte de él.

Para adquirir una mayor habilidad en la técnica del escuchar activamente, es importante que los padres aprendan a detectar la "propiedad del problema", ya que ésta funciona adecuadamente cuando el niño es el que tiene el problema, queriendo decir esto:

Que el niño tiene un problema porque algo le impide satisfacer una necesidad. No es un problema del padre, pues el comportamiento del niño no interfiere de manera tangible con las propias necesidades del papá. Por tanto, el niño posee el problema.

Además, dicha situación entra en el área de aceptación de comportamientos, estipulada intrínsecamente o no por los padres.

La forma activa de escuchar, proporciona a los padres una forma de adentrarse y ofrecer ayuda para que el chico defina por sí mismo el problema y propicia el comienzo de la solución del problema dentro del chico.

Ya que: Las frustraciones, confusiones, privaciones, intereses, y si, hasta los fracasos de los niños les pertenece a ellos y no a sus padres.

El hacer uso de la forma activa de escuchar, requiere de un entendimiento adicional de la comunicación no verbal y de la forma en que los padres responden eficazmente a dichos mensajes no verbales transmitidos por sus hijos más pequeños.

Ya se mencionó lo que se recomienda hacer cuando el niño es el poseedor del problema, ahora diremos qué hacer cuando los padres son los del problema, ellos tienen un problema cuando los comportamientos de sus pequeños amenazan sus necesidades legítimas, afectándolos directa y tangiblemente. Entonces los padres pueden tratar de modificar directamente al niño, el ambiente o a él mismo.

Esto lo pueden lograr a través de los "mensajes yo", ya que éstos reflejan o indican cómo se siente el padre ante una situación determinada sin provocar una lucha entre hijo y padre.

La sinceridad con que se digan las cosas, mejora cualquier relación interpersonal, volviéndola más auténtica, logrando así que los padres tengan la satisfacción de ser personas verdaderas.

Se debe de tener la precaución que los mensajes no se conviertan en "mensajes tú", puesto que estos avergüenzan y hacen sentir culpable al niño de las situaciones, porque los padres expresan siempre enojo en lugar de decir realmente el sentimiento primario que causa éste.

Dentro de las familias, existen conflictos inevitables entre padres e hijos, donde tanto uno como otro están involucrados en el problema, ya que las necesidades de ambos están en juego, por lo tanto, el problema está en la relación misma, entonces, ¿quién debe ganar?, hay tres soluciones ante esta pregunta:

- Gana el padre.
- Gana el hijo.
- Ganan tanto el padre como el hijo.

Por querer ganar alguno de los dos, se establece una lucha de poder, cuando gana el padre, el hijo se siente obligado a realizar o cumplir algo que no desea, solamente por no ser castigado o por no sentir la desaprobación de los padres, formándose así un deterioro en la relación, reemplazando el amor y cariño, por resentimiento y odio. En estas situaciones, se les niega a los niños la oportunidad de cooperar y desarrollar una autodisciplina, acostumbrándose a tener una autoridad externa que domine su comportamiento.

Cuando gana el niño, éste aprende a usar los berrinches para dominar a sus padres y hacerlos sentir culpables. Se forman como niños que carecen de dominio interno, siendo egoístas e impulsivos, consideran que sus necesidades son las únicas y las primeras, volviéndose muy exigentes. Lo más negativo de esta situación es que el pequeño desarrolla un sinfín de sentimientos de inseguridad, por considerar que sus padres no lo aman, ya que éstos están tan resentidos con él que se abstienen de demostrarle su cariño.

Desafortunadamente, los padres a través del tiempo, han manejado su autoridad como una herramienta, de la cual se valen para utilizar su poder y así ganar las peleas, haciendo a sus hijos sumisos y temerosos.

DRA. MARÍA ESTHER BARRADAS ALARCÓN

En general, las actitudes que se crean ante el poder paterno, son las siguientes:

1. Resistencia, obstinación, rebelión, negativismo.
2. Resentimiento, enojo, hostilidad.
3. Agresión, venganza, devolución del golpe.
4. Mentira, ocultamiento de los sentimientos.
5. Culpar a otros, divulgación de los secretos, engañar.
6. Dominar, fanfarronear, mandar.
7. Necesidad de ganar, odio hacia el perder.
8. Formación de alianzas organizadas contra los padres.
9. Sumisión, obediencia, condescendencia.
10. Barbero y lambiscón.
11. Conformidad, falta de creatividad, miedo al tratar de hacer algo nuevo, necesidad de estar seguro del éxito antes de comenzar.
12. Renuncia, escape, soñar despierto, regresión.

No queremos que se entienda que la autoridad es nociva, sino el mal uso de ella, como lo es el autoritarismo o su contrario como el libertinaje. Los niños necesitan de la autoridad para que se les oriente adecuadamente.

El sentido común y la experiencia apoyan firmemente la idea de que los niños quieren límites en sus relaciones con los padres. Necesitan saber hasta dónde pueden llegar antes de que su comportamiento se vuelva inaceptable. Solo entonces pueden escoger el no comprometerse en dichos comportamientos, esto es aplicable para todas las relaciones humanas.

Un aspecto esencial dentro de aplicación correcta de la autoridad, es que los padres sean constantes para que los chicos sepan a qué atenerse y cómo comportarse.

Una pauta sugerida y comprobada para retirarse del conflicto sin que haya perdedores, es el método "nadie pierde", dentro del cual se trata de llegar a un acuerdo entre padre e hijo, a través de una búsqueda de alternativas y/o la utilización de consecuencias para la resolución del problema.

En estos casos, no se pueden dar recetas para la resolución de los conflictos, porque ésta dependerá en gran parte del estilo de vida del sistema familiar. Lo importante en este punto es que la solución sea de acuerdo mutuo entre los afectados. Por lo tanto, el método III es un método mediante el cual cada padre y su hijo pueden solucionar cada uno de sus problemas encontrando sus propias soluciones aceptables para ambos.

Las razones por las que el método III es más eficaz que los dos mencionados anteriormente, se debe a que se motiva al niño a tomar sus propias decisiones; existen mayores posibilidades de encontrar soluciones adecuadas, desarrolla la capacidad de pensamiento en los niños, se da menos hostilidad y más amor, no es necesaria la imposición elimina el poder, centra la atención en los problemas verdaderos, se establece un respeto mutuo y lo más importante es que se logran cambios positivos en el comportamiento del niño.

Lógicamente al establecimiento de estas pautas de educación, los padres se enfrentan a un cambio, sintiéndose temerosos y preocupados de que no funcione, pensando tal vez, que su imagen paterna se debilita por ceder un poco y darle la oportunidad a los hijos de que decidan y se responsabilicen de las situaciones presentadas. En apoyo a este cambio, se recomienda tomar soluciones como familia, como grupo, ya que es importante que todos participen en la organización de la misma. Aunque en este aspecto los padres al principio se muestran escépticos.

No se debe olvidar que en muchas ocasiones, habrá situaciones en las que el niño corra peligro o riesgos eminentes, en las cuales el padre tiene que actuar con sentido común y no esperar a buscar alternativas para resolver la problemática presentada.

Resumiendo, para que el, método III, (nadie pierde), tenga éxito, es necesario pasar por determinadas etapas, las cuales expondremos a continuación:

1. Identificación y definición del conflicto.
2. Generación de las alternativas posibles para la solución.
3. Evaluación de las alternativas.
4. Decidir cuál es la mejor.
5. Creación de las formas de cumplimiento de la solución.
6. Continuar para saber cómo funcionó la evaluación.

Es válido hacer notar que el método cuando no se cumplen los acuerdos, no debe apoyarse en castigos, sino utilizar las consecuencias que se estipularon dentro del acuerdo mutuo.

Podemos mencionar que algunas razones por las cuales no se llegan a cumplir los acuerdos o tratos, son las siguientes:

1. Pueden llegar a descubrir que se comprometieron a llevar a cabo algo demasiado difícil.
2. Sencillamente no han tenido mucha experiencia en cuanto ser autodisciplinados y autodirigidos.
3. Anteriormente dependían del poder paterno para su disciplina y control.
4. Pueden olvidar lo acordado.
5. Pueden estar probando el método "nadie pierde": probando si papá y mamá de verdad querían decir lo que dijeron, lo que los chicos pueden obtener cuando rompen su promesa.
6. Puede haber expresado aceptación por la decisión en ese momento sólo porque se sintieron cansados por la incómoda sesión de resolución de problema.

Cuando la familia está formada por hijos adolescentes, los padres deben tener la precaución de no ser "despedidos", debido al choque de valores que se da en ésta etapa. Para que los padres enseñen y fomenten sus propios valores, éstos tienen que vivirlos, siendo un modelo para los hijos y no tratar de utilizar la persuasión verbal o la autoridad paterna para lograrlo.

Tendremos que recordar que:

El poder y la autoridad pueden controlar las acciones de otro; pero rara vez controlan sus pensamientos, ideas y creencias.

Los padres pueden ser buenos consejeros, brindando sus ideas, conocimientos y experiencias, sin olvidar que un buen consejo comparte, más que predica, ofrece, más que impone y sugiere, más que exige.

Para finalizar, los autores dan a los padres un mensaje, invitando al cambio, ya que es más fácil que los padres acepten el cambio de los hijos o del medio ambiente que de ellos mismos.

Los padres que poseen un sistema de valores flexible, están más dispuestos al cambio que los que tienen sus conceptos tan rígidos que ni ellos mismos se permiten salirse un poco de la raya. Los padres eficientes son aquellos que mantienen una relación más informal con sus hijos, dándole en ocasiones más importancia a su relación matrimonial que a la de sus hijos, logrando así una mayor libertad e independencia entre los subsistemas que componen la familia, extendiéndose esta acción hacia la familia extensa, escuela y demás instituciones que tienen una interacción con el núcleo familiar.

En síntesis, queremos decir que:

> Los padres pueden modificarse a sí mismos y disminuir el número de comportamientos que son inaceptables para ellos, convenciéndose de que sus hijos no son sus hijos, que no son extensiones de sí mismos, sino que son seres separados e individuales. Un niño tiene derecho a convertirse en lo que es capaz de ser, sin importar cuán diferente sea del programa que el padre le ha trazado. Éste es su derecho inalienable.

6.3. Aprendiendo a ser mamá y papá

Este curso fue desarrollado con base a preguntas específicas de padres y madres de familia con las que se identificaron diversas áreas de interés para ellos.

Este curso no está desarrollado para dar ayuda terapéutica, pero en ocasiones ha sido un medio a través del cual los padres aceptan que existe una problemática familiar y reflexionan sobre la necesidad de acudir, en un segundo paso, a una terapia para profundizar y resolver dicha situación.

Los objetivos generales se encaminan a favorecer que los(as) participantes, comprendan y valoren su papel como padres y madres, así como lograr que conozca pautas generales para ser aplicadas de diferentes situaciones familiares, apoyando así el desarrollo integral de cada miembro de familia.

Los contenidos del curso son:

- Yo padre, yo madre, yo persona.
- Comunicación familiar.
- Valores.
- Intereses y roles sexuales.
- Autoestima.
- Afecto y confianza.
- Toma de decisiones.
- Sobreprotección e independencia.
- Desarrollo del niño.
- Sexualidad.
- Disciplina.
- Límites y planeación.

Todo este contenido está dividido en 7 sesiones de 3 horas de duración cada una, haciendo un total de 21 horas de curso. Cada sesión está constituida por las siguientes partes.

- Objetivos.
- Materiales.
- Distribución del tiempo.
- Remisas y contenidos teóricos.
- Ejercicios.
- Sección de apoyo instruccional.
- Sección ¿Es verdad que…?
- Actividades para la casa.

Objetivos.- Los específicos de cada sesión detallan puntos que se cubrirán en cada tema y mediante los diferentes ejercicios y discusiones que se generen.

Materiales.- Estos son de apoyo para llevar a cabo los diferentes ejercicios, siendo fáciles de obtener y de un costo accesible. Es importante que el área donde se lleve a cabo el curso, cuente con la posibilidad de colocar las sillas de diferente forma e incluso, de sacarlas o dejar un espacio libre, ya que se incluyen algunas actividades en las que los(as) participantes deberán acostarse en el piso, con espacio entre cada uno (a) de ellos (as) y otros trabajarán en el grupo, cambiando constantemente la distribución.

Distribución del tiempo.- Se sugiere tener el tiempo en mente en cada una de las actividades, tomando como promedio 3 horas en total.

Premisas y contenidos teóricos de cada tema.- Están basados en datos de teorías e investigaciones y constituyen un apoyo para que el (la) educador (a), fomente la discusión y después de la realización de los ejercicios, haya un cierre, retomando tanto los aspectos teóricos como las experiencias y aportaciones.

Los ejercicios.- Los que se incluyen en cada sesión han sido previamente probados con grupos de padres y madres de diferentes niveles socioeconómicos.

Sesión de apoyo institucional.- Incluye (n) aspectos específicos del material que se necesita para cada ejercicio.

Sesión ¿Es verdad que…?.- Se abordó con base en preguntas frecuentes a creencias populares sobre la educación de niñas y niños.

Actividades para la casa.- Estas están diseñadas para estimular a los (as) participantes a poner en práctica nuevas conductas y actitudes, producto del proceso de aprendizaje.

6.4 Programa Grupos Dinámicos de Orientación a Padres

Este programa fue establecido por la Secretaría Pública, la Subsecretaría de Educación Elemental y la Dirección General de Educación Preescolar.

La orientación didáctica a padres de familia es una estrategia de atención psicológica institucional, que permite cubrir las necesidades de orientación requeridas por los padres de los niños que asisten al servicio que brindan los Centros de Atención Psicopedagógica de Educación Preescolar (C.A.P.E.P.).

El programa está enfocado a llevar a cabo un proceso de reflexión que abarca la historia personal de cada uno de los padres, su participación dentro de un grupo, la repetición de los modelos de educación adquiridos en la infancia, los estilos diferentes de padres, el reconocimiento de los hijos y el reconocimiento de los hijos y su problemática; finalmente la elaboración a través de un proyecto personal de interacción familiar.

El programa consta de 10 sesiones de 90 minutos de duración (una hora por semana), con técnicas grupales; en la décima sesión se requiere 2 horas.

El objetivo general es concientizar a los padres de familia acerca de la importancia de su rol, favoreciendo la interacción entre los miembros de la familia y el desarrollo integral de sus hijos.

Objetivos Particulares

- Propiciar en los padres de familia, la reflexión con respecto a su rol y a la interacción existente en su propia familia.
- Promover en los padres, actitudes de responsabilidad y respeto para sus hijos.
- Compartir y enriquecer sus criterios educativos, conociendo diferentes alternativas.
- Apoyar la acción psicopedagógica que les es proporcionada a sus hijos.
- Favorecer el desarrollo integral de sus hijos, estimulándolos en el hogar y promoviendo sus logros.
- Favorecer la interacción y las relaciones interpersonales de los miembros de la familia.

Contenido del Curso

1. Integración grupal, sondeo de expectativas anheladas en el curso.

2. Tema: "Mi historia personal".

3. Tema: "El yo y el nosotros".

4. Tema: "La educación de los padres".

5. Tema: "Estilos de padres" (padre crítico contra padre nutriente).

6. Tema: "Estilos de padres".
   Sobreprotector, protector y consentidor.

7. Tema: "Estilos de padres".
   Padre indiferente contra padre compañero.

8. Tema: "Obedecer para qué".

9. Tema: "Conozco a mi hijo".

10. Tema: "Nuestros planes".

6.5 Padres Afectivos

"Padres Afectivos" es una asociación, no lucrativa, que trabaja en México a través de grupos de auto – ayuda, los cuales se encuentran distribuidos en diferentes áreas de la Capital, así como en la provincia y se reúnen una vez a la semana durante 2 horas, en sus respectivos lugares.

Se les llama de auto – ayuda porque se parte de la base que todos tenemos algo que podemos enseñar a los demás a través de las experiencias que hemos vivido y se aprovecha ese conocimiento para ayudar unos a otros.

Los objetivos son los siguientes

1. Prevenir problemas que entorpezcan el desarrollo económico de la familia.

2. Mejorar la comunicación verbal entre los miembros de la familia.

3. Ofrecer alternativas y soluciones positivas a los problemas que se presentan en la familia.
4. Entrenar a personas interesadas en la asociación como coordinadores del grupo.
5. Ofrecer cursos de comunicación familiar.

Descripción del método de Padres Afectivos

Los grupos de Padres Afectivos se desarrollan una vez a la semana, en el horario y lugar que se haya acordado por los coordinadores y los miembros del grupo, su duración es de 2 horas a la semana durante periodos renovables de 6 meses.

Los coordinadores son los encargados de restablecer el orden dentro de la junta y de facilitar la comunicación entre sus miembros, (también se les llama facilitadores).

Al empezar la junta, se presentarán los integrantes (únicamente por su 1er. nombre); todos se hablan de "tu" y desde ese momento se tratará de crear un ambiente de amistad e incluso de familia, en el que cada quién es escuchado y le importa a los demás.

Inmediatamente después, se le da la bienvenida, donde se hace énfasis en la confianza, aceptación y comprensión de cada uno de los integrantes.

Se procederá, ya sea a hacer una dinámica de grupo, a comentar algo acerca de un tema en común, a leer una parte del boletín u otra actividad, según el plan de trabajo de los coordinadores.

Después de esto, la persona que lo desee, empezará a comunicar su problema y cuando haya terminado, el facilitador abrirá el diálogo a las demás personas para que opinen, le den un consejo o le expongan alguna experiencia parecida que haya tomado y cómo la resolvieron.

La opinión del facilitador, en caso de darla, será solo una más y no necesariamente la más correcta, o la de más peso.

Los grupos deben ser entre ocho y quince participantes y su asistieran más los coordinadores deberán dividirse y hacer 2 grupos para dar oportunidad a un mayor número de personas a que hablen.

Una vez concluidas las 2 horas, el facilitador leerá la despedida y su alguna persona no tuvo tiempo de hablar, se le invitará a ser la primera en hacerlo la próxima vez.

Al final, todos de pié y tomados de las manos, se pronuncia la oración de la serenidad:

"Dios, concédeme la serenidad para aceptar las cosas que no puedo cambiar, aquellas que puedo, y sabiduría para reconocer la diferencia".

Reinhold Niebuhr

Los grupos de Padres Afectivos con:

a) Su reglamento (el que contiene 15 puntos).
b) Con una guía para lograr mis objetivos. (tiene 10 puntos este documento).

DRA. MARÍA ESTHER BARRADAS ALARCÓN

c) Una guía de lealtad hacia mis compañeros de Padres Afectivos (tiene 10 puntos o apartados).

d) Un documento donde se establece un compromiso de los asistentes con Padres Afectivos.

e) Y un boletín mensual que tiene la finalidad de informar y mantener en comunicación permanente a todos los miembros, con el objetivo de que estén enterados de las diferentes actividades que se realizan.

Algunos temas que se revisan son:

- El maltrato a los niños (Qué es, sus causas, consecuencias y tipos de maltrato).
- Como controlar las emociones agresivas para prevenir el maltrato.
- Se analizan casos, etc.
- Que implica ser padres.
- Que necesidades tiene un niño (físico, emocional, intelectual, espiritual).
- Que es el niño y su comportamiento.
- Como afecta mi historia personal en mi función de ser padre.

Uno de los fundadores, entusiastas de Padres Afectivos A.C. en nuestro país es el Dr. Arturo Chevaili A.

6.6 Autonomía y Autoridad en la Familia Otero Oliveros F.

Su contenido está dividido en seis capítulos, abarcando 138 páginas. Los temas tratados son los siguientes:

I. La autoridad y la crisis en la familia.

II. La autoridad como un servicio en la educación de los hijos.

III. La autoridad de los padres y la participación de los hijos.

IV. La autoridad de los padres y una política familiar de sanciones.

V. La autoridad y las virtudes de la familia.

VI. La autoridad de los padres y la influencia de la familia en la sociedad.

- Epílogo.

Este texto trata básicamente la autoridad de los padres y la participación autónoma y responsable de los hijos.

El concepto de educación lo entienden como un proceso de mejora o por decirlo, de otro modo como un gradual proceso de responsabilización de seres libres.

La autoridad la considera:

> Como un servicio a la libertad en el desarrollo de otros seres humanos que, por insustituible esfuerzo personal, van siendo cada vez más autónomos y más responsables en el proyecto de su propio llegar a ser lo mejor de ellos mismos, superando limitaciones propias y limitaciones ambientales". Oliveros, Otero F. "Autonomía y autoridad en la familia.

Existe una relación entre autoridad y libertad, una viéndola desde el punto de vista de su ejercicio y la otra de su desarrollo.

Educar la libertad es fomentar una mayor autonomía y una mayor responsabilidad en quién se educa. La educación en cada familia, viene a ser de hecho, un conjunto de objetivos: aquellos que los padres proponen respecto al desarrollo personal de los hijos, de cada hijo-, De la calidad de estos objetivos, de su unidad, de su relación, de su referencia a la verdad y a la justicia, a lo humano y a lo sobrenatural depender, fundamentalmente, la calidad de esa educación familiar.

La autonomía de los hijos necesita de la autoridad de los padres y de qué modo esta autoridad es un servicio en el desarrollo personal, autónomo y responsable de cada miembro de la familia.

Lo que se puede rescatar y asociar con las teorías generales en las que se apoya la investigación, es el concepto de educar para la responsabilidad. La autoridad vista desde el punto de vista de libertad; democracia, respeto y cooperación. (Don Dinkmeyer y Mckay). La educación familiar como la base del "estilo de vida" de cada individuo (Adler); además de hablar de objetivos y relación familiar como aspectos de "verdades familiares" y de cómo se implantan éstas a través de la competencia ejecutiva (Minunchin).

6.7 Como ser buena Madre en un minuto DR. Spencer Johnson.

El texto se conforma de un total de 112 páginas, ordenadas en 17 pequeños capítulos, tratando los temas que a continuación se presentan:

1. Carta a las madres.
2. La búsqueda.
3. Cómo ser buena madre en un minuto.
4. El primer secreto: un minuto de objetivos.

5. Un minuto de objetivos: resumen.

6. El segundo secreto: un minuto de elogios.

7. Un minuto de elogios: resumen.

8. La confirmación.

9. El tercer secreto: un minuto de reprimendas.

10. Un minuto de reprimendas: resumen.

11. La buena madre "en un minuto" se explica.

12. Función de los objetivos.

13. Función de los elogios.

14. Función de las reprimendas.

15. La nueva buena madre en un minuto.

16. Un regalo para usted y para sus hijos.

17. Un regalo para los demás.

El contenido general, nos marca un "método" de disciplina, basado en la fijación de objetivos, tanto personales como familiares.

El autor menciona la palabra elogio, pero si estudiamos un poco más el significado, en realidad habla sobre lo importante del proceso de estimulación, siendo este aspecto básico dentro del curso P.E.C.E.S. El expresar claramente los sentimientos es importante, pero si dan una fórmula más práctica para hacerlo es mucho mejor, esto se menciona aquí porque retomando el curso P.E.C.E.S., éste nos ofrece la técnica del escuchar activamente (Rogers), o reflexivamente (Gordon). Enfatiza la importancia de la afectividad, tratando de separar el hecho de quién lo hace, queriendo decir por esto, que el niño comprenda y sienta verdaderamente que lo que nos molesta es su comportamiento mas no él. (Dinkmeyer y Mckay).

Citaré a continuación un párrafo que se asocia con el principio de "Padres Responsables" (Dinkmeyer y Mckay).

El padre importante del niño –continuo-, es el "padre interno", que se desarrolla poco a poco dentro de él, le acompaña a todas partes y le ayuda a tomar sus decisiones. La educación no estriba en disciplinar a los hijos, sino en conseguir que ellos solos se disciplinen.[38]

Se considera que para que logremos introyectar un adecuado "rol de padre interno", sería primero necesario, ser "padres responsables" y no "buenos padres" únicamente, la diferencia radica en que los primeros hacen niños autónomos y responsables y los segundos, dependientes y sin decisiones propias; el producto de los primeros serían los niños que llaman la atención con el fin de cooperar, estar y pertenecer adecuadamente a su núcleo; los segundos simplemente por llamar la atención y ser atendidos para lograr así sentirse seguros, comprobando su pertenencia a la familia, aunque sea inadecuadamente.

6.8 Como ser buen Padre en un minuto Dr. Spencer Johnson

Básicamente, su contenido es similar a su homólogo, que mencionamos anteriormente, también se desarrolló en 112 páginas con un total de 18 pequeños capítulos.

Dentro de este texto, se seleccionaron unas frases que van relacionadas, con el aspecto de "separar el hecho de quien lo hace" y la

---

[38] Dr. Johnson Spencer, "Como ser Buena Madre en un Minuto", pág. 94.

utilización de la Técnica del escuchar reflexivamente, mencionadas en el curso P.E.C.E.S.

> Nunca había pensado que pudiera existir ninguna diferencia entre lo que los niños piensan de su comportamiento y lo que piensan de sí mismos.

> Es el comportamiento de sus hijos el que le disgusta y no ellos.[39]

> Explique claramente el motivo de su enfado, con la mayor concreción posible.

> Manifiesta sus verdaderos sentimientos con sinceridad y emoción.

> Lograr que sus hijos sientan lo que usted siente.

Estas frases son importantes, porque de alguna manera son como sencillas claves que ayudan a los padres a expresar sus sentimientos y a que entiendan que los niños también sienten y piensan, dependiendo de esto en gran forma, el desarrollo adecuado de su autoestima. Al expresar lo que sentimos, podemos utilizar los "mensajes yo" y establecer consecuencias, si queremos que el niño entienda que nosotros tratamos de comprender como se siente él, usaremos entonces el escuchar reflexivamente y la búsqueda alternativas. (P.E.C.E.S. y Gordon).

---

[39] Johnson Spencer, "Como se Buen Padre en un Minuto", pág. 19.

DRA. MARÍA ESTHER BARRADAS ALARCÓN

6.9 Paternidad Efectiva (O Maternidad, ¿Cuál es su estilo?) Robert C. Diguilo

El libro está compuesto de 13 capítulos, repartidos a lo largo de 138 páginas, contando con prefacio e introducción.

Los temas tratados son los siguientes:

1. Seis estilos paternos y el estilo séptimo.
2. El padre – niño.
3. El padre – doctor.
4. El padre – diplomático.
5. El padre – autócrata.
6. El padre – mártir.
7. El padre – hablador.
8. Identifique su propio estilo.
9. El séptimo estilo.
10. Patrones de comunicación y qué hacer con ellos.
11. Ayuda práctica para su estilo de padre.
12. Compendio no creativo de autoayuda para los padres.
13. Una oportunidad de ser bueno.

Lo verdaderamente importante es que tenemos poder sobre nuestros hijos, poder que estos no tienen y ese poder es el de escoger. Escoger la clase de padres efectivos que deseamos ser. Porque la clase de padres que escojamos es la única esperanza que ellos tendrán.[40]

---

[40] Digulio Robert C. "Paternidad Efectiva, ¿Cuál es su estilo?", pág. 8.

Poder, para Minuchin, representa la jerarquía dentro del sistema familiar, el ser o no padres efectivos, va a dar la capacidad de competencia ejecutiva que hará funcionar más adecuadamente dicho sistema.

No necesitamos volvernos competentes en todo lo que hacemos para educar niños sanos y adaptables. Si esperamos perfección de nosotros como padres antes de hacer cambios positivos en el comportamiento de nuestros hijos, esperaríamos toda la vida y nos rendiríamos aún antes de comenzar, es más, antes de aceptar la idea de tener hijos. La perfección para actuar como modelo ideal no solo es innecesaria, ni siquiera es posible; pero tener el control de esos estilos, observar y cambiar si es necesario y posible.

Este párrafo se asocia con el aspecto importante y básico contenido dentro de P.E.C.E.S., "El valor de ser imperfecto", además, cuando se habla de estilo, de observar y cambiar, son como los pasos que se dan implícitamente en el curso: ¿Cuál es mi estilo de vida?, puedo y debo observar el comportamiento de mi hijo para así poder cambiar.

Para controlar el comportamiento de sus hijos, debe de ser usted capaz de controlar su propio comportamiento hacia ellos.

La buena conducta permite a los hijos vivir en armonía con sus padres, amigos u otros adultos y sobre todo, con ellos mismos. La palabra clave en esta definición es armonía.

Las personas tienen sentimientos, sean adultos niños y la conducta es una manifestación de esos sentimientos.

Debemos prepararlos para ser aceptados por sus contemporáneos, para que sean productivos para ellos y para su sociedad. Estas dos palabras, aceptados y productivos, son las bases de roca de la misteriosa estructura llamada buena conducta.

La mayoría de los problemas de disciplina es causada o derivada, directa o indirectamente por el comportamiento.

Usted es el responsable de llevar a su hijo a un ambiente favorable, estimulante y controlado.

Y finalmente ayudar a sus hijos a ganar el control de sus vidas por ellos mismos.

Estas ideas se seleccionaron por similitud de los conceptos en la teoría básica del curso P.E.C.E.S.

El poder "controlar", podría ser a través de conocer ¿de quién es el problema? Cuando se habla de conducta, nos vamos a referir más que a nada al tipo de comportamiento adecuado o inadecuado que podemos detectar. Si mencionamos "armonía" en el hogar, podemos traspolar el término, a lo que conocemos como límites claros y flexibles. (Minuchin).

Los sentimientos o emociones, son básicos para entender y comprender los comportamientos de los individuos y sobre todo ayudar a que sean expresados a través de una adecuada comunicación. (Gordon, P.E.C.E.S.)

Adler, en su filosofía, nos dice que lo "sano" o "adecuado" en el ser humano, es cuando su vida es productiva, cooperando y siendo aceptado, el autor nos maneja esto de la misma manera, como una meta de educación paterna.

No se necesita ser perfecto, ser positivo es lo único que cualquier hijo podría pedir.

Dele una oportunidad de ser bueno.

Dinkmeyer y Mckay, exponen el concepto de la imperfección como característica del ser humano.

Como padres, se debería comprender que nuestros hijos no son perfectos, otorgándoles la oportunidad de descubrirlos, haciendo algo bueno o correcto, ya que por lo regular, los encontramos realizando algo inadecuado, reforzando así, inevitablemente lo negativo y echando a un lado lo positivo que ellos tienen.

FUENTES

➤ Ackerman N. (1978) "Psicoterapia de la familia neurótica" Edit. Paidos, Buenos Aires Argentina.

➤ Ackerman N. (1959) "The Psychology homies of family life New York basic book"

➤ Adler A. (1931) "El sentido de la vida" (Ed. Versión Española 1975 Barcelona, España).

➤ Adler A. (1975) "La ciencia del vivir" (Edit. Diana, S.A 1975 México, D.F.)

➤ Aguilar K. E. (1986) "Padres positivos" Edit. Pax-México, México.

➤ Alegría J. A. (1983) "Psicología del mexicano "Edit. Diana, México.

➤ Aramoni A. (1965) "Psicoanálisis de la Dinámica de un Pueblo (México, Tierra de Hombres)" Edit. B. Costa- Amic, México.

➤ Ares M. P. (1976) "La educación familiar como objeto de estudio psicosocial" Edit. De Ciencias Sociales, Cd. De la Habana, Cuba.

➤ Baena G., & Montero, S. (1986) "Tesis en 30 días" Edit. Mexicanos Unidos, México.

➤ Barradas A. (1985) El maltrato a los Niños; una Perspectiva Social y Psicológica. Tesis Profesional para obtener el Título de Licenciado en psicología en la Facultad de Psicología de la Universidad Veracruzana (Inédita)

➤ Beatón G. (1976) "La educación Familiar de nuestros hijos" Edit. Pueblo y Educación, Cd. De la Habana, Cuba.

➤ Berryman C. J. (1994) "Psicología del Desarrollo" Edit. Manual Moderno, México.

➢ Blomm, B. L.P.H.D. (1985) "A Factor Analysis of Welt Report Measiuci of family process, 24 junio 1985".

➢ Burlingham D. & Freud, A. (1977) "Niños sin familia" Edit. Planeta. Barcelona, España.

➢ Campell T. D., & Julia C. (1979) "Diseños experimentales y causa experimental en la investigación social" Buenos Aires, Argentina.

➢ Castro L. (1980) "Diseño experimentales sin Estadísticas" Edit. Trillas, México, D.F.

➢ Colmenares E. (1987) "Padres Triunfadores" Edit. Libra, S.A de C.V, México.

➢ CONAPO, consejo Nacional de la Población "La educación de la sexualidad humana", (Familia y Sexualidad Edit. CONAPO, México, 1989).

➢ Chavarría O. M. (1990) "Que significa ser Padres" Edit. Trillas, México.

➢ Chevalli A. A. "Padres afectivos".

➢ Dargatz J. (1991) "52 maneras de desarrollar la autoestima y la confianza en su hijo" Edit. Betania, Estados Unidos.

➢ Della- Piana G. (1978) "Como comunicarse con los niños" Edit. Lumusa, S.A. México.

➢ Dewey A. E. (1973) "Aplicaciones Básicas de la Psicología Adleriana" Edit. Centro de Cambio y Crecimiento, Caracas, Venezuela.

➢ Díaz G. R. (1983) "Psicología del Mexicano" Edit. Trillas, México.

➢ Díaz G. R. (1979) "Estudio de psicología del mexicano" Edit. Trillas, México.

➢ Di Giorgi Piero. (1977). El Niño y sus Instituciones Rocca, México.

➢ Digulio C. R. (1983) "Paternidad efectiva (o maternidad) ¿Cuál es su estilo?" Edit. Edamex, México.

➢ Dinkmeyer D & Gary D. M. "P.E.C.E.S; Padres eficaces con entrenamientos sistemáticos" Edit. American Guidance Service, Circle Pine, Minessota.

➢ Dinkmeyer, D. & Gary., D. M. "Raising a responsable child" Edit. A. Fireside Book Publistied by Simon and shisster.

➢ Dinkmeyer D. & Gary D. M. "P.E.C.E.S, adolescents Edit. American Guidance, service circle Pines Minessota México, D.F (autorización de American Guidance Service por C.C.C Caracas Venezuela)"

➢ Dodson F. H. (1997) "How to Dicipline With Love" Edit. Rauson Associate Publishers.

➢ Dolto F. (1983) "Psicoanálisis y Pediatría" Edit. Siglo XXI, México.

➢ Dreikurs R. (1972) "Coping with childdren mishehaivor" New York. A parent´s guide edit. Hawthron Book´s;) Inc.

➢ Dreikurs R. & Vick S. (1964) "Children the challinger" Edit. E. P Bultlon, New York.

➢ E. Trube-Kecker. El Maltrato Infantil y sus Consecuencias" del Instituto Fur Geri Cliché Meclz.

➢ Egan G. (1995) "El orientador expreso un modelo para la ayuda sistemática y la respuesta interpersonal" Edit. Iberoamericana.

➢ Finkelhord David. (1980). Abuso Sexual al Menor, causa consecuencia y tratamiento psicosexual, Pax-México.

➢ Foncerrada M. Miguel (1979). El Niño Maltratado Revista de la Facultad de Medicina, UNAM, México.

➢ Font Josep Ma. (1978). Test de la Familia. Oikos-Tau Barcelona.

➢ García Duran Alejandro. (1980). "La Porción olvidada de la Niñez Mexicana" Diana, México,

- García Galló Gaspar J. (1979). "Glosa sobre el Libro de Lenin Materialismo y Empirio-criticimo" Academia, La Habana Cuba,
- García Pelayo Ramón y Cross. (1981). Pequeño Larousse Ilustrado Larousse, México.
- Garnier M. de Lamare V. y Pi J. y Ar Suga. (1933). Diccionario de los términos y Técnicos usados en Medicina. Bailly Billiere, S.A. Madrid, España.
- Green H. Arthur. (1977). "Sociatal Neglect Of Child Abusing Parents" Downstate Medical Center Brooklyn N.Y. Victimolugy: an International Journal Volumen II, number 12 Sumer.
- Greken M & Gove N.R. (1985) "Esposas y empleadas (Dramáticos cambios en la familia y en la sociedad)" Edit. Edamex, México.
- Grovas Ma. (1968) "Panorama de México" Manuales Universitarios U.V.
- González G. A. (1987) "El Enfoque centrado en la persona" Edit. Trillas, México, D. F.
- Gordon., T. (1997) "PET padres eficaces Técnicamente Preparados" 9º. Reimpresión 1982 Edit. Diana, México, D.F.
- Hernández S. R., Fernández., C. C. & Baptista L. P. (1991) "Metodología de la Investigación" Edit. Mc. Grawn-Hill, México, D.F.
- James M. (1979) "Que hacemos con ellos ahora que los tenemos" Edit. Fondo Educativo, Interamericana México, D.F.
- Johnson S. (1984) "Como ser buena madre en un minuto" Edit. Círculo de lectores, México, D.F.
- Johnson S. (1984) "Como ser buen padre en un minuto" Edit. Círculo de lectores, México, D.F.
- Kerlinger F. N. (1983) "Investigación del comportamiento (técnicas y metodología)" Ed. 2da. Edit. Interamericana, México, D.F.

DRA. MARÍA ESTHER BARRADAS ALARCÓN

➤ Kendall F. (1986) "Padres sanos hijos felices (la guía completa para formar hijos autosuficientes y dichosos)". Edit. Sayrols.

➤ Krusmboltz J. D. & Krusboltz., H. D. (1972) "Chaging Children's Bechavior" Edit. Prentice Hall Inc. Englewood Chiffs, New Yersey.

➤ Latapí P. (1973) "Mitos y Verdades de la Educación Mexicana (una posición Independiente)" Edit. Centro de Estudios Educativos, México.

➤ Langer M. (1988) "Maternidad y Sexo" Edit. Paidos, Buenos Aires, Argentina.

➤ Lessing R. (1979) "Como disciplinar a tu hijos" Edit. Betania, México.

➤ M. de Sandoval D. (1985) "El mexicano psicodinámica de sus relaciones familiares" 2da. Edic, Edit. Villacaña, S.A, México.

➤ Maggnussan D. (1977) "Teoría de los test" Edit. Trillas, México D.F.

➤ Marcovich Jaime. (1978). El Maltrato a los Hijos Ed. México,

➤ Marcovich J. (1981) "Tengo derecho a la vida, prevención e identificación del niño maltratado" Edit. Mexicanos Unidos, México.

➤ Mc. Crag glen M.D. Articles. Excessive Masturbation of Childhood: A Symptom of tactile Deprivation?" Pediatric Vol. 62 number 3 september (1978).

➤ McGillicuddy., D.A. "Las relaciones entre las creencias paternas acerca del desarrollo, la constelación familiar, el status socioeconómico y las estrategias de enseñanzas de los padres. En: Leosa., L. M & Sigel., I. E. (1982)), "Familias en Learning Enviroments for Children" Plenum Press, New York, (Cap. 9). Traducida al español por Luis G. Zaragoza Escobedo, ENEP (UNAM), 1985.

➤ Mendel Gerald. (1977). "La Descolonización del Niño" Ariel, Barcelona,

➤ Mezer R. Roberto. (1968). "Psiquiatría Dinámica" Pax-México. México,

➤ Millor K. Georgia R.N. (1980). "Recognising Child abuse" British. Medical Journal London.

➤ Minuchin Salvador. (1977) "Familias y Terapia Familiar" Edit. Gedisa Mexicana S.A. 2da. Reimpresión 1985, México, D.F.

➤ Nacra F. Eloino y Calunga C. Alberto O.P. (1976). "Sagrada Biblia" Antiguo Testamento Génesis 15 Ed.- Biblioteca de Autores Cristianos, Madrid, España.

➤ Naldelsticha M. A. (1983) "Técnicas para la construcción de Cuestionarios de Actitudes y Opción múltiple" Edit. Instituto Nacional de Ciencias Penales, México D.F.

➤ Niebuhr Reinhold (1941) New York Herald Tribune.

➤ Oliveros F. O. (1984) "La familia" Edit. Editora de Revistas S.A. de C.V. Ed. La Castellana, México, D.F.

➤ Noguera Nuñez Soledad. (1983). "Las causas que originan que los Padres Maltraten a sus Hijos" Tesis Profesional para obtener el Título de Trabajadora Social CEBETIS.- Veracruz, Ver.

➤ Ongay M. "Que pasa con la familia" Revista Mexicana de Ciencia Política y Sociales (No. 98-99) Edit. U.V. Facultad de Sociología Ed. Octubre-Diciembre 1979 Enero-Marzo 1980.

➤ Osorio y Nieto Cesar Augusto, (1981). "El niño Maltratado" Tillas, México.

➤ Palomares Agustín. (1981). "Niños Maltratado, nuestras indefensas victimas" Colecciones testimonios, Mexicanos Unidos. México.

➤ Park D. R. (1986) "El papel del padre" Ediciones Mareta, S.A. Madrid, España.

➤ Pereira de Gómez Ma. Nieves. (1981). "La Apercepción Familiar del Niño Abandonado"- Trillas. México.

➤ Pedersen F. "La influencia del padre, visitas en un contexto familiar". En Michael E. Lamb The role of the Father in Child Development. Joghn Wiley & Sons, U.S.A., 1981 2da. Edic. Traducción al español por Salvador Sapion, ENEP (UNAM) 1985.

➤ Periódico Novedades "Marca psicológicamente al niño el autoritarismo de los padres" por Issac Vallalba. Agosto 1982, México.

➤ Pick. S., Givauchan. M. & Martínez. A. (1995) "Aprendiendo a ser papa y mama De niña y niños desde el nacimiento hasta los 12 años" Edit. Planeta, la Edic. México.

➤ Pratte- Marchessault., Y. (1986) "Como ser padre" 2da. Edic. Universo México, México, D.F.

➤ Porot M. (1975). "La familia y el Niño" Edit. Planeta, Tomo 12, Barcelona, España.

➤ Poniatowska Elena. (1978). "Le muevo la panza" Revista Femm. Nueva Cultura Feminista, S.C. México.

➤ Ramírez S. (1980). "Infancia es Destino", 4a. Ed. Siglo XXI, México.

➤ Rascovsky A. (1975). "La Matanza de los hijos y otros ensayos", Kargieman, Buenos Aires, Argentina.

➤ Reca T. (1976) "Personalidad y conducta del niño" 9ª Edición. Edit. El Ateneo Buenos Aires, Argentina.

➤ Revista Claudia Num.56 "Padres Afectivos, A.C".

➤ Rogers C.R. (1980) "El Proceso de convertirse en Persona" Edit. Buenos Aires, Argentina.

➤ Rogers C. R. & Stevens B. (1980) "Persona a persona" Edit. Amorrotu, Buenos Aires, Argentina.

➤ Rogers C.R. (1980). El poder de la persona, Edit. El Manual Moderno, S.A México.

➢ Rogers C.R. (1982). Libertad y creatividad en la educación Edit. Paidós, México.

➢ Rojas Soriano Raúl (1978). Guía para realizar investigaciones sociales UNAM, México.

➢ Rojas Soriano Raúl (1983). Métodos para la investigación social, una proposición dialéctica, Folio Ediciones, S.A México.

➢ Rolla E.H (1976). Familia y Personalidad Edit. Paidós, Buenos Aires Argentina.

➢ Rowe S Daniel M.D. Leonard F. Martha M.D. (1970). "A Hospital program for the Detection and registration of abuse and neglected Children" The New England Jounal of medicine.

➢ Rudbill J. (1968). "History of Child abuse and infanticide" en R.E. Helfer y C.H. Kempe Eds. The Battered Child, Chicago, University of Chicago, Press.

➢ Sánchez Ascona Jorge (1980). Familia y sociedad Edit. Joaquín Mtz. S.A Ed. México. D.F.

➢ Satir Virginia Relaciones humanas en el núcleo Familiar. Edit. Pax México.

➢ Schmitt B.D y Kempe C.H. (1975). "The Pediatricins, role in Child abuse and Neglect" Cur Pedriatic.

➢ Siegel Sidney. (1978). "Estadísticas no paramétricas aplicada a las ciencias de la conducta" Trillas, México.

➢ Spitz (1979). El 1er. Año de vida del niño Edit. Fondo de cultura Económica, México.

➢ Summers Gene F. (1978). Medición de Actitudes Edit. Trillas, México.

➢ Tavella Nicolás M. (1985). Análisis de los ítems en la construcción de instrumentos Psicométricos Ed. México.

➢ Tile Otto. (1974). "El alma del Niño Proletario" Psique, Buenos Aires.

- Varios Autores. (1973). "La crisis de la Institución Familiar" Salvat Editores S.A. Grandes Temas, Tomo 19, Barcelona, España.
- Varios Autores. (1987). Programa Grupos Dinámicos de Orientación a padres, Departamento de Operación de Centros de Atención Psicopedagógica de Educación Preescolar. Sep.
- Varios Autores. (1983). La evaluación psicológica del niño 1ª. Edición. Edit Grijalbo S.A. México, D.F.
- Villalba I., (1982). "Psicológicamente al Niño el autoritarismo de los padres", Periódico "Novedades" México.
- Varios Autores. (1980). "El trabajo de los Niños", publicado bajo la dirección de Elías Menclelevich, O.I.T. Ginebra Suiza.
- Varios Autores. (1979). "Simposio Internacional sobre el Niño Maltratado" AIN–México, D.F. Nacional, México.
- Varios Autores. (1984). "Simposio Syntex: Aspectos Medico sociales de la Adolescencia" México, D.F.
- Warren C. Howard. (1978). "Diccionario de psicología" Fondo de Cultura Económica, México.

Printed in the United States
by Bookmasters

Printed in the United States
By Bookmasters